Reise durch

SÜDSCHWEDEN
UND STOCKHOLM

Bilder von
Olaf Meinhardt

Texte von
Christian Nowak

Stürtz

Erste Seite:
Smögen, an der Küste von Bohuslän, ist einer der Haupthäfen der schwedischen Fischindustrie. Doch das Küstenstädtchen lockt

auch mit dem angeblich längsten Holzpier der Welt. An den kilometerlangen Holzstegen legen im Sommer Jachten und Segelboote an. In vielen

ehemaligen Bootsschuppen, Fischer- und Speicherhäusern befinden sich heute Restaurants, Imbisse, Boutiquen und Souvenirläden.

Vorherige Seite:
Von Skeppsholmen genießt man einen vorzüglichen Blick auf die Altstadt Gamla Stan. Nachdem ein Brand im 17. Jahrhundert große

Teile Stockholms zerstört hatte, wurden die Holzhäuser durch Steinbauten ersetzt. Seitdem hat sich die Kulisse von Gamla Stan kaum verändert.

Unten:
Gotska Sandön, 40 Kilometer nördlich von Fårö, ist die abgelegenste Insel in der Ostsee und ideal für einen Robinsonurlaub.

Schon in der Steinzeit besiedelt, ist Gotska Sandön heute Nationalpark. Besucher werden am Strand abgesetzt und müssen zu Fuß zum Campingplatz laufen.

Seite 10/11:
Malmö, die Hauptstadt Schonens, ist die drittgrößte Stadt Schwedens und seit Eröffnung der Brücke über den Öresund

mit der dänischen Hauptstadt Kopenhagen zu einem wirtschaftlichen Ballungsraum zusammengewachsen. In der Altstadt, innerhalb des ringförmi-

gen Kanals zwischen der Festung Malmöhus und dem Stortorget, sind bis heute viele alte Prachtbauten erhalten geblieben.

Inhalt

12

Südschweden – ein Platz zum Seele baumeln lassen

26

Stockholm und die Mälarregion – das Herz Schwedens mit der Hauptstadt

52

Skåne und Blekinge – die Kornkammer Schwedens
Seite 64
Die Wikinger –
Seekrieger fern der Heimat

72

Småland, Öland, Gotland – kunstvolles Glas und sonnige Inseln
Seite 88
Spuren der Vergangenheit –
Felsritzungen und
frühgeschichtliche Burgen

98

Die Westküste – größter Hafen des Landes und Badewanne der Nation
Seite 104
Nicht nur Köttbullar –
schwedische Gaumenfreuden

120

Die großen Seen Vänern und Vättern
Seite 128
Blaues Band – der Göta-Kanal

134   Register
135   Karte
136   Impressum

Südschweden –
ein Platz zum Seele baumeln lassen

Eine der schönsten Möglichkeiten, den Göta-Kanal mit Muße zu erleben, ist an Bord des Veteranenschiffes „Wilhelm Tham", das sich hier auf einer engen Passage des Kanals in der Nähe der Schleusen von Berg befindet.

Wenn die Leute in Deutschland an Schweden denken, dann denken sie: Schwedenpunsch, furchtbar kalt, Ivar Kreuger, Zündhölzer, furchtbar kalt, blonde Frauen und furchtbar kalt." So hat Kurt Tucholsky in seiner heiter-melancholischen Sommergeschichte „Schloss Gripsholm" seine Wahlheimat skizziert. Seit der Veröffentlichung 1931 ist nun schon einige Zeit vergangen und in Schweden hat sich einiges verändert: Der Schwedenpunsch ist nicht mehr das liebste Getränk der Nordländer und das weltweite Zündholzmonopol des Ivar Kreuger ist auch schon lange zusammengebrochen. Einige blonde Frauen gibt es jedoch noch und furchtbar kalt kann es auch werden – zumindest im Winter und besonders im hohen Norden.

Wenn wir heute an „typisch schwedisch" denken, fällt uns ein, dass sich die Johanssons, Svenssons und Karlssons fast ausschließlich von Knäckebrot ernähren und einmal im Jahr auf Skiern den Wasalauf absolvieren. Den Rest des Jahres fahren sie in ihren Volvos aus unverwüstlichem Schwedenstahl durch die unendlichen Wälder, auf der Suche nach einem kapitalen Elch. Sie leben in roten Holzhäusern, deren Einrichtungen aus dem blau-gelben Möbelhaus stammen. Sie leiden stumm und ergeben unter der hohen Steuerlast, der winterlichen Dunkelheit und Kälte und haben deshalb ein Alkoholproblem. Das Bier in der Kneipe ist viel zu teuer und der Schnaps wird ihnen vom Staat zugeteilt. Den Schweden verdanken wir die Bergmanschen Problemfilme, die Hits von ABBA und Roxette und natürlich den Nobelpreis. Und einige der besten Tennisspieler wie den legendären Björn Borg, Stefan Edberg und Mats Wilander, aber das ist schon eine Weile her. Auch solch nützliche Erfindungen wie der Tetra Pak, das ideale Transportbehältnis für Milch, Saft und Wein, der Herzschrittmacher und die Computermaus stammen aus Schweden.

Auch in der weiter zurückliegenden Vergangenheit hat das Land Großes geleistet und Menschen hervorgebracht, die einen Platz in den

Geschichtsbüchern verdienen. Carl von Linné war einer von ihnen, denn er war es, der im Pflanzenreich endlich Ordnung geschaffen hat. Oder die Literaturgiganten August Strindberg und Selma Lagerlöf. In der Gegenwartsliteratur spielt Schweden eine gewichtige Rolle, man denke nur an Henning Mankell, dessen Kommissar Wallander sich zum Bestseller entwickelte und den Schwedenkrimi als Markenzeichen etabliert hat. Und die Kinder hätten ohne Astrid Lindgren und Sven Nordqvist viel weniger Spaß. Pippi Langstrumpf, die Kinder aus Bullerbü und Kater Findus gehören auch bei uns zur Grundausstattung jedes Kinderzimmers. Schweden ist aber noch viel mehr als die Heimat großer Persönlichkeiten, es ist ein – besonders im Norden – dünn besiedeltes Land mit viel Natur. Von den Kornfeldern und Wiesen im Süden bis zu den mit Schnee bedeckten Gebirgen jenseits des Polarkreises bietet das Land eine grandiose Vielfalt: unzählige Seen, darunter namenlose Winzlinge und riesige Binnenmeere wie Vänern und Vättern, Wälder und Moore, in denen sich Elche und Bären noch wohl fühlen. Kilometerlange Strände bilden einen harmonischen Dreiklang aus blauem Meer, weißem Sand und grünen Dünen. Einzigartige Schärenlandschaften aus vielen tausend von der letzten Eiszeit glatt polierten Inseln und Felsen bilden vor Stockholm, Göteborg und Blekinge ein Labyrinth aus Wasser und Land.

Vom Eis geformt

Südschwedens Landschaft ist, wie die von ganz Skandinavien, hauptsächlich ein Produkt der letzten Eiszeit. Noch vor rund 10 000 Jahren lag der Norden Europas unter einer bis zu mehrere Kilometer dicken Eisschicht, die mächtigen Gletscher bearbeiteten den Untergrund wie ein riesiger Hobel. Als das Eis dann von Süden her abschmolz, blieben u-förmige Täler, Moränenhügel und weitläufige Kiesaufschüttungen zurück. Das sanft gewellte Hügelland im Süden, die Seen und Moore, aber auch die Sandstrände sind letztendlich alle ein Produkt der Gletscher. Der Eispanzer hatte ein solch gewaltiges Gewicht, dass er die Erdkruste mehrere hundert Meter eindrückte. Als das Land nach dem Abtauen des Eises von der Last befreit war, begann es ganz allmählich wieder sich zu heben. In Nordschweden war diese Landhebung in den letzten Jahrtausenden mit fast 300 Metern besonders stark ausgeprägt und noch heute hebt sich das Land um rund einen Meter pro Jahrhundert. Auch der Mälarsee westlich von Stockholm verdankt seine Entstehung dieser postglazialen Landhebung, noch am Ende der Wikingerzeit besaß der See eine Verbindung zur Ostsee.

Neben dem Wasserreichtum sind die ausgedehnten Wälder, die mehr als die Hälfte der Landesfläche bedecken, ein Charakteristikum Schwedens. Die Landwirtschaft spielt nur eine untergeordnete Rolle, auch wenn man im Süden manchmal den Eindruck gewinnt, ganz Schweden bestehe aus Äckern und Wiesen.

Von der Steinzeit bis zur Hanse

Die ältesten Siedlungen wurden in Südschweden gefunden und stammen aus der Zeit um 10 000 v. Chr. Kleine Stämme, die vom Fischfang und der Jagd lebten, besiedelten damals nach und nach das Land von Süden. Um 1800 v. Chr. lernten die Menschen immer mehr Gerätschaften aus Bronze zu fertigen, die gegenüber den bisher verwendeten Steinwerkzeugen erhebliche Vorteile brachten. Die eindrucksvollsten Relikte aus dieser Zeit sind die rätselhaften Felsritzungen, die häufig in Küstennähe zu finden sind. Ab 500 v. Chr. verdrängte dann das Eisen die Bronze, was zu einer weiteren Verbesserung der Werkzeuge führte. Während der frühen Eisenzeit wurde die Bevölkerung endgültig sesshaft und betrieb zunehmend mehr Ackerbau.

Das fruchtbare Mälartal wurde ein wichtiges Machtzentrum und der Stamm der Svea, von dem später der Name Schweden abgeleitet wurde, versuchte immer wieder seine Nachbarn zu unterwerfen. Ab der Mitte des 8. Jahrhunderts begann dann die rund 300 Jahre während Vorherrschaft der Wikinger. Ihre Raubzüge und Handelsexpeditionen führten sie dank ihrer konkurrenzlos schnellen Schiffe entlang der Ostseeküsten und auf den Flüssen bis zum heutigen Russland, wo sie Handelsstationen und kurzlebige Reiche gründeten. Sie zogen weiter bis zum Schwarzen und Kaspischen Meer, wo sie Handel mit Byzanz und der arabischen Welt trieben.

Im 9. Jahrhundert begann die Christianisierung Schwedens, allerdings kam diese nur schleppend voran und so hielten sich das Heidentum und die alte nordische Götterlehre noch bis weit ins 12. Jahrhundert hinein. Erst im Jahr 1164 erhielt Schweden einen eigenen Erzbischof. Die Expansion nach Osten während des 12. und 13. Jahrhunderts führte schließlich nach mehreren Kreuzzügen zur Angliederung Finnlands an das schwedische Reich. Ab der Mitte des 12. Jahrhunderts gab es wiederholt Kämpfe um die weltliche Macht, erst in der zweiten Hälfte des 13. Jahrhunderts konnte der König Gesetze für das ganze Reich durchsetzen. Im 14. Jahrhundert florierte dann der Handel vor allem mit der Hanse unter der Führung Lübecks. Während der folgenden 200 Jahre beherrschte die Hanse den Handel in Schweden und grün-

Das Göteborger Viertel Haga gilt wegen seiner schönen alten Häuser, der kleinen Läden und gemütlichen Cafés als trendig. Eine beliebte Adresse ist das Café Husaren, das für seine köstlichen Kleinigkeiten und hervorragenden Konditorwaren bekannt ist. Angeblich gibt es hier die größten und leckersten Zimtschnecken (Kanelbulle) von ganz Schweden.

dete eine Vielzahl von Städten. Als jedoch die Pest im Jahr 1350 Schweden erreichte, führte dies wegen des starken Bevölkerungsrückganges zu einer schweren wirtschaftlichen Krise. Erst als die Eisenhütten in Mittelschweden in der zweiten Hälfte des 15. Jahrhunderts eine immer größere Bedeutung für die Wirtschaft bekamen, erholte sich das Land allmählich.

Von der Kalmarer Union zum Wohlfahrtsstaat

Von 1389 bis 1521 waren alle skandinavischen Länder in der Kalmarer Union vereinigt, wobei Schweden zusammen mit Norwegen und Dänemark unter anderem von der dänischen Königin Margrete I. regiert wurde. Erst das sogenannte Stockholmer Blutbad, bei dem der Dänenkönig Christian II. etwa 80 Adelige hinrichten ließ, führte dazu, dass sich die Schweden erhoben und im Jahr 1523 Gustav I. Wasa zum König des befreiten Schweden wählten. Er legte die Grundlagen des schwedischen Nationalstaates, nationalisierte die Kirche, verstaatlichte ihre Güter und führte die protestantische Reformation durch. Gleichzeitig wurde die Verwaltung nach deutschem Vorbild organisiert und die Macht auf den König konzentriert. Statt der bis dahin geltenden Wahlmonarchie wurde die Erblichkeit der Königsmacht durchgesetzt. Außenpolitisch war Schweden nach dem Bruch der Union mit Dänemark und Norwegen darauf aus, die Vorherrschaft im Ostseeraum zu erlangen. In zwei Kriegen wurde Dänemark besiegt – dadurch fielen Skåne, Halland, Blekinge und Gotland an Schweden. Bohuslän, Jämtland und Härjedalen konnten von Norwegen erobert werden. Da Schweden auch Finnland sowie eine Reihe von Provinzen auf dem Baltikum und in Norddeutschland besaß, stieg es nach dem Westfälischen Frieden von 1648 und dem Frieden von Roskilde 1658 zur führenden Großmacht im nördlichen Europa auf.

Dem kleinen Agrarland fehlte aber die Wirtschaftskraft, um die Provinzen dauerhaft halten zu können. Nach den Niederlagen im Großen Nordischen Krieg (1700–1721) gegen Dänemark, Polen und Russland wurde es weitgehend auf die Gebiete des heutigen Schweden und Finnland reduziert. Während der Napoleonischen Kriege musste Schweden schließlich Finnland an Russland abgeben und auch die letzten Besitzungen in Norddeutschland – Vorpommern und Rügen – gingen verloren. Als Ersatz für diese Verluste gelang es dem 1810 gewählten Thronfolger und späteren König Karl XIV. Johan sich Norwegen einzuverleiben, das 1814 zu einer Union mit Schweden gezwungen wurde. Trotz vieler Konflikte hielt dieses Bündnis bis 1905.

Seit dem Ersten Weltkrieg verfolgt das Land die außenpolitische Linie, im Frieden allianzfrei und im Krieg neutral zu bleiben. 1920 schloss sich Schweden dem Völkerbund und 1946 den Vereinten Nationen an. Im Juli 1991 beantragte Schweden die Vollmitgliedschaft in der Europäischen Gemeinschaft und trat nach einer Volksabstimmung im November 1994, bei der gut 52 Prozent der Bevölkerung mit „Ja" stimmten, zum 1. Januar 1995 der Europäischen Union bei. Auch als EU-Mitglied hält Schweden an seiner militärischen Bündnisfreiheit fest. Im Dezember 1997 beschloss das schwedische Parlament den Euro nicht einzuführen, was bis heute so geblieben ist.

Nach dem Zweiten Weltkrieg entstand der Wohlfahrtsstaat, der in Schweden „Folkhemmet"/„Volksheim" genannt wird und dessen Anspruch es ist, jeden Bürger von der Wiege bis zum Grab bestmöglich zu versorgen. Voraussetzung dafür war ein Wirtschaftswunder, das das Land innerhalb weniger Jahrzehnte von einem armen Agrarland in eine der reichsten Industrienationen verwandelte. Der Motor dieser Entwicklung waren Erz, Wald und Wasserkraft. Als jedoch das langanhaltende hohe und gleichmäßige Wirtschaftswachstum abflachte, kamen die sozialen Sicherungssysteme erheblich unter Druck, doch trotz dieser Schwierigkeiten und einiger schmerzhafter Einschnitte ist der Wohlfahrtsstaat auch heute noch im Wesentlichen intakt.

Götaland, Svealand und Norrland

Historisch kann man Schweden in drei Teile gliedern: in Götaland, das Land der Göten, die südlich von Vänern und Vättern lebten. In Svealand, wo früher der nordgermanische Stamm der Svear lebte, dessen Siedlungsgebiet bis nördlich des Siljansees und Falun reichte. Der große Rest des Landes wurde Norrland genannt.

Wenn man von Blekinge, Bohuslän, Halland oder Uppland spricht, sind die alten Landschaftsbezeichnungen gemeint, insgesamt gibt es 25, vom südschwedischen Skåne bis hinauf nach Lappland. Verwaltungstechnisch ist das Land in 23 Regierungsbezirke oder Provinzen, sogenannte „län", eingeteilt, deren Grenzen nur selten mit denen der historischen Landschaften übereinstimmen. Obwohl die Landschaften heute keinerlei politische Funktion mehr besitzen, halten viele Schweden traditionell noch an dieser Einteilung fest.

Seit dem Mittelalter gibt es auf Gotland Windmühlen, denn die Bauern auf ihren Einödhöfen waren Selbstversorger. Bis heute sind mehr als 100 dieser charakteristischen Mühlen erhalten geblieben. Inmitten der kargen, von Schafen beweideten Graslandschaft bilden sie weithin sichtbare Landmarken.

Könige regieren das Land

Die Ansgarlegende über das Königreich der Svear ist die älteste belegte Quelle der schwedischen Monarchie. Sie stammt aus dem 9. Jahrhundert und schildert die Reisen des christlichen Missionars Ansgar zum Handelszentrum des Svear-Reiches Birka. Seitdem haben mehr als 50 Könige das Land regiert. Während der Regierungszeit von Gustav I. Wasa (1496–1560) wurde die Erbmonarchie eingeführt und nach der Reformation der König zum Oberhaupt der schwedischen Kirche ernannt. Von 1680 an war der König von Gottes Gnaden Alleinherrscher des Reiches.

Nach dem Staatsstreich von 1809 und der Absetzung von Gustav IV. Adolf wurde dessen Onkel, Herzog Karl, unter dem Namen Karl XIII. zum König gewählt. Da er jedoch alt und kinderlos war, gab es keinen Thronfolger. Zuerst wurde der dänische Prinz Karl August von Augustenborg zum Thronfolger gewählt, aber da er kurz nach seiner Ankunft in Schweden starb, fiel die Wahl im Sommer 1810 auf den französischen Marschall Jean Baptiste Bernadotte. Er wurde schwedischer Thronfolger und nahm den Namen Karl Johan an. Auch der heutige König Carl XVI. Gustav stammt aus der Bernadotte-Dynastie.

Im Jahr 1973 bestieg der 27 Jahre alte Carl XVI. Gustav als jüngster aller Monarchen aus der Bernadotte-Dynastie den schwedischen Thron. Durch die letzte Reform von 1975 wurde der schwedische König weitgehend entmachtet, die alleinige politische Macht haben seitdem der Reichstag und die Regierung. Geblieben sind dem König die repräsentativen und zeremoniellen Aufgaben. Im Auftrag der Regierung empfängt er Staatsoberhäupter und stattet dem Ausland offizielle Staatsbesuche ab. 1976 heiratete Carl XVI. Gustav die Deutsche Silvia Sommerlath, die dadurch schwedische Königin wurde. Bis 1981 lebte die königliche Familie im Stockholmer Schloss, danach zog sie nach Drottningholm am Westrand von Schwedens Hauptstadt. Das Paar hat drei Kinder, Kronprinzessin Victoria (geb. 1977), Prinz Carl Philip (geb. 1979) und Prinzessin Madeleine (geb. 1982). Nach dem neuen Thronfolgegesetz, das 1980 in Kraft trat, wird immer das älteste Kind des Königspaares, ohne Rücksicht auf sein Geschlecht, Thronfolger.

Das Glasreich

Die Glasherstellung hat in Schweden eine lange Tradition und geht auf König Gustav I. Wasa zurück. An seinem Hof war es üblich, ein Gelage mit Scherben zu beenden, leider war es immer kostbares venezianisches Glas, das dabei zu Bruch ging. Geldmangel brachte den König wohl irgendwann auf die Idee, statt laufend neue Gläser aus Venetien kommen zu lassen, Glasbläser nach Schweden zu holen.

Die älteste heute noch existierende schwedische Glashütte wurde 1742 von Anders Koskull und Georg Bogislaus Staël gegründet. Den Namen „Kosta" setzten sie aus den ersten drei Buchstaben ihrer Nachnamen zusammen. Anfangs stellten sie hauptsächlich profane Gebrauchsgegenstände aus Glas her, mit der Zeit wurden die Produkte aber immer kunstvoller. Als die småländischen Eisenhütten Ende des 19. Jahrhunderts schließen mussten, begann die große Zeit der Glashütten. Von den damals 77 Hütten in ganz Schweden befand sich mehr als die Hälfte in Småland. Wichtige Voraussetzungen für den Aufschwung der Glasbläserei waren die Wälder zwischen Växjö und Kalmar, die das Brennholz für die Öfen lieferten, die Flüsse stellten die Energie für die Schleifereien bereit und an Arbeitskräften war auch kein Mangel. Die småländischen Glashütten sind mittlerweile in der ganzen Welt bekannt und auch in vielen Museen – von New York über London bis Stockholm – kann man die filigranen Kunstwerke aus dem Glasreich bewundern. Aus Småland stammen natürlich auch die Gläser, mit denen die Gäste bei der Nobelpreisverleihung im Blauen Saal des Stockholmer Rathauses den Preisträgern zuprosten. Etwas Besonderes sind die gläsernen Trompeten der Glasfabrik Kosta Boda. Die Idee, Fanfaren und Nationalhymnen mit diesen ungewöhnlichen Instrumenten zu spielen, kam dem legendären Glasbläsermeister Bengt Heintze in den 1960er-Jahren. Nach vielen Experimenten am Ofen wurde die gläserne Trompete erstmals 1962 bei der Einweihung des Glasmuseums in Växjö gespielt.

Jede Hütte versucht ihren eigenen, unverwechselbaren Stil zu kreieren. Glasherstellung ist Teamwork, so arbeiten bis zu zehn Personen Hand in Hand, um eine Vase oder ein Glas herzustellen. Glaspfeife, Trennschere, Holz und Kelle sind die einfachen Werkzeuge, die sich seit Beginn der Glasherstellung kaum verändert haben. Hat der Glasklumpen die richtige Temperatur erreicht, wird die glühend heiße Masse aus dem Feuer genommen und mit der Glasmacherpfeife gerollt. Dann wird der sirupweiche Klumpen unter Zischen gegen nasses Zeitungspapier oder ein Stück Holz geformt. Das ist die Geburt eines gläsernen Kunstwerkes,

das dann irgendwo in der Welt unter solch klangvollen Namen wie „Pandora", „Gustaviana", „Felicia", „Ulrica" oder „Cancan" verkauft wird. Jedes Exemplar ist einmalig, denn auch der beste Glasbläsermeister ist keine Maschine und leistet sich kleinste Unregelmäßigkeiten. Jede Luftblase im Glaskörper, und ist sie auch nur mikroskopisch klein, ist wie ein Fingerabdruck, der das Gütesiegel „echte Handarbeit" fast überflüssig macht.

Einige Hütten laden am Abend zum „hyttsill" ein, der Glashütten-Hering gart nach Arbeitsschluss mit Speck und Kartoffeln in den noch warmen Öfen. Mit Preiselbeeren, Brot und Butter sowie zum Nachtisch småländischem Käsekuchen ergibt dies ein Festessen mit langer Tradition.

Aktiv in der Natur

Die Natur Schwedens lädt zu einer Vielzahl von Freiluftaktivitäten ein, zum Wandern und Angeln, Paddeln und Rad fahren, Segeln und Surfen, Ski laufen, Pilze und Beeren sammeln. Bei einer Reise durch Schweden wird man aber auch immer wieder einen ständigen Wechsel von Natur und Kultur erleben. Rätselhafte Felsritzungen aus der Bronzezeit, Schiffssetzungen, Runensteine und Grabfelder aus der Wikingerzeit sowie Schlösser und Herrensitze aus Schwedens Großmachtzeit durchsetzen die Landschaft. Überall vermischt sich die Geschichte mit dem modernen Schweden, das nicht nur aus verträumten Dörfern besteht. Lebendige Großstädte wie Stockholm, Göteborg und Malmö sind Zentren von Hochtechnologie und Forschung und bieten Besuchern moderne Shoppingmeilen und eine Vielzahl von Museen und Kulturveranstaltungen. Schweden hat viele Facetten und es gibt viel Interessantes zu entdecken – viel mehr als man in einem Urlaub schaffen kann.

Jede Jahreszeit hat ihren Reiz

Der Frühling weckt die Menschen aus dem Winterschlaf. Endlich werden die Tage wieder länger und heller. Wann kann man das erste Bier, die erste Tasse Kaffee unter freiem Himmel trinken? Auch die Natur erwacht, das erste Grün zeigt sich noch zaghaft, doch dann fängt alles mit verblüffender Kraft an zu blühen. Die Rapsfelder im Süden überziehen die Landschaft mit einem gelben Teppich, nur im Gebirge und im Norden tut sich der Frühling schwer. Der Sommer kündigt sich mit immer kürzeren

Wer kennt sie nicht, die Kinderbücher von Astrid Lindgren aus Vimmerby? In Gibberyd, rund 25 Kilometer von ihrem Geburtsort entfernt, wurden von 1971 bis 1973 die Filme um Michel aus Lönneberga gedreht. Am ehemaligen Drehort „Katthult" kann man auch den Tischlerschuppen besuchen, der in den Filmen eine wichtige Rolle spielt.

Nächten an, jetzt beginnt die schönste Zeit des Jahres. Sie ist die Belohnung für das Ausharren während der dunklen Wintermonate. Wann immer möglich, verbringt man Zeit draußen in der Natur, im Garten, am Strand, im Sommerhaus. Das Boot wird zu Wasser gelassen, das Rad aus dem Schuppen geholt, alle freuen sich aufs Angeln, Wandern, Segeln, Surfen, Rad fahren, Paddeln oder Schwimmen.

Doch der Sommer ist immer zu kurz. Wenn die Beeren reifen, beginnt die Zeit des Sammelns; Blaubeeren, Preiselbeeren und Multebeeren werden zu Marmelade gekocht oder wandern in die Tiefkühltruhe. Irgendwie steckt die Vorratshaltung, die jahrhundertelang überlebenswichtig war, noch in vielen Köpfen. Elchjagd, Bodenfrost, Nebel, Regen, bunte Wälder und immer kürzere Tage lassen Melancholie aufkommen, denn plötzlich hat der Herbst den Sommer abgelöst. Der Winter beginnt im Süden Schwedens meist erst zum Jahreswechsel, wenn die tiefstehende Sonne und die kristallklare Luft für märchenhafte Lichtstimmungen sorgen, kann man sich keine schönere Jahreszeit vorstellen. Der Winter sollte nur nicht so lang sein, dann wäre auch die Sehnsucht nach den hellen, langen Tagen nicht so groß. Auch der verschwenderische Umgang mit Straßenlaternen und Hausbeleuchtungen kann diese Sehnsucht nur wenig mildern. Das kann nur der nächste Frühling.

Egal, zu welcher Jahreszeit man nach Schweden kommt und wohin man fährt, das Land strahlt eine gelassene Ruhe aus. Ideal für einen Urlaub zum Auftanken und Durchatmen. Schon Tucholsky kannte dieses Gefühl und beschrieb es meisterhaft in einem einzigen Satz: „Wir lagen auf der Wiese und baumelten mit der Seele."

Seite 22/23:
Ruhige Abendstimmung auf Vaxön, einer Insel im Stockholmer Schärengarten. Die Insel zählt zu den beliebtesten Ausflugszielen der Stockholmer, weil sie schnell zu erreichen ist, denn die meisten Fährlinien laufen sie an. Größte Sehenswürdigkeit ist das Kastell von Vaxholm.

Seite 24/25:
Glatt geschliffene, fast vegetationslose Felsbuckel, Steilküsten, Buchten und Inseln prägen weite Strecken der Küste von Bohuslän, wie hier bei Rönnäng im Süden der Insel Tjörn.

Stockholm und die Mälarregion –
das Herz Schwedens mit der Hauptstadt

Sonnenbaden bei Marie-fred am Mälarsee. In Deutschland wurde der kleine Ort durch Kurt Tucholskys Geschichte „Schloss Gripsholm" bekannt. Aber auch die Schweden lieben das rote Märchenschloss, das direkt am drittgrößten See des Landes liegt. Viele kommen mit dem Vetera-nendampfer aus Stock-holm oder machen einen Ausflug mit der Museums-eisenbahn, die wie vor 100 Jahren dampfend und zischend in den Bahnhof von Mariefred rollt.

Zwischen dem Städtedreieck Stockholm, Upp-sala und Örebro befindet sich das Kernland Schwedens, das schon lange vor der Wikinger-zeit besiedelt wurde. Eine der ersten Wikinger-siedlungen haben Archäologen bei Birka gefun-den und auf die Mitte des 8. Jahrhunderts datiert. Runensteine und archäologische Funde aus dieser Zeit lassen auf umfangreiche Handels-beziehungen bis in den Nahen Osten schließen. Die Landschaft beherrscht der drittgrößte See Schwedens, der 120 Kilometer lange und 50 Kilo-meter breite Mälaren. Trotz seiner imposanten Größe wirkt er wegen vieler Inseln, Buchten und Landzungen nicht wie ein riesiges, uferloses Binnenmeer.

Schon nach dem Ende der Wikingerzeit schlos-sen sich die unabhängigen Provinzen des Lan-des mit der Mälarseeregion zum wichtigsten Handelszentrum Schwedens zusammen. Auch heute bildet die Gegend rund um den Mälarsee noch die bevölkerungsreichste Region, in erster Linie durch den Großraum Stockholm, in dem mehr als zwei Millionen Menschen leben. In der Nähe des Sees liegen zudem noch weitere Städte wie Enköping, Eskilstuna, Örebro, Söder-tälje, Uppsala und Västerås.

Eine Reise rund um den Mälarsee führt zu einer Vielzahl von prachtvollen Schlössern, imposan-ten Herrenhäusern und stattlichen Gutshöfen. Fast 400 Herrensitze gibt es allein in Sörmland, der Region zwischen Mälarsee, Hjälmaren und der Hauptstadt. Diese Fülle an architek-tonischen Kleinodien erklärt sich dadurch, dass die Adligen über Jahrhunderte die Nähe zum königlichen Hof in Stockholm suchten. Zudem war damals das Reisen über Land mühsam und gefährlich, deshalb wählten viele lieber den Wasserweg in die Hauptstadt. So ist es nicht verwunderlich, dass fast alle Schlösser direkt an einem See liegen und ihre schönste Seite dem Wasser zuwenden.

Oben:
Das Königliche Schloss in Stockholm aus dem 18. Jahrhundert hat mehr als 600 Räume, von denen einige vom König als Arbeitszimmer genutzt werden. Zu besichtigen sind die Königlichen Gemächer, die Schatzkammer, das Museum Tre Kroner, die Schlosskirche und das Antikenmuseum von Gustav III.

Rechts:
Beim Besuch des Königlichen Schlosses sollte man sich den Wachwechsel nicht entgehen lassen. Er findet Montag bis Samstag um 12.10 Uhr und am Sonntag um 13.10 Uhr statt. Im Sommer geht es manchmal besonders pompös zu, wenn die Dragoner der Leibgarde an der Wachablösung teilnehmen.

Seite 30/31:
Stockholm offenbart seine ganze Schönheit erst aus der Vogelperspektive, hier vom Turm des Stadshuset. Man schaut auf die Keimzelle der Stadt Gamla Stan, aber auch auf das Labyrinth von Festland, Inseln und Wasserwegen.

Links:
Das Stadshuset, 1911 bis 1923 erbaut, liegt auf der Insel Kungsholmen am Ufer des Riddarfjärden. Der Architekt, Ragnar Östberg, ließ sich unter anderem von der skandinavischen Nationalromantik inspirieren.

Unten:
Die Wände des „Goldenen Saals" im Stadshuset bestehen aus einem glitzernden Mosaik mit 18 Millionen Teilen. An der Stirnseite sieht man das eigenwillige Bild der „Königin des Mälaren" als Mittlerin zwischen Orient und Okzident.

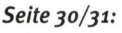

Oben:
König Oskar II. hat 1888 die Östermalm Saluhall eingeweiht. Seitdem hat sich die Markthalle kaum verändert. Blickfang sind die mit Holzschnitzereien verzierten Stände, die sich oft schon seit Generationen in Familienbesitz befinden.

Rechts:
Der in den 1950er-Jahren im Rahmen der Sanierung von Norrmalm entstandene Sergels Torg bildet einen der zentralen Plätze Stockholms. Benannt ist er nach dem Bildhauer Johan Tobias Sergel, der sein Atelier in der Nähe des Platzes hatte. Am Rande des Platzes befindet sich das Kulturhuset mit Kunstgalerien, Cafés, Restaurants, einem Theater und einer Bibliothek.

Unten:
Vom Turm des Stadshuset bietet sich ein vorzüglicher Blick auf Stockholms Altstadt. Die Riddarholmskyrkan überragt mit ihrem filigranen Turm alle anderen Gebäude auf der Insel Riddarholmen, die heute das Justizzentrum des Landes bildet. Im Vordergrund ist der weiße Birger Jarls Torn aus dem 15. Jahrhundert zu sehen, der einst Teil der Stadtmauer war. Am linken Bildrand ist das Mitte des 17. Jahrhunderts erbaute Riddarhuset zu erkennen. In ihm versammelte sich der schwedische Adel.

Rechts oben:
Das Stadtviertel Maria-berget mit seinen engen Gassen und alten Häusern liegt im Nordwesten der Insel Södermalm. Von der Hornsgatan fällt das Viertel steil in Richtung Norden zum Ufer des Riddarfjärden ab.

Rechts Mitte:
Der moderne Gebäude-komplex der Stockholmer Waterfront befindet sich seit 2011 am Riddar-fjärden. Er beherbergt ein Kongresszentrum und ein Hotel sowie Büroräume.

Rechts unten:
Die Skeppsholmsbron ver-bindet die Insel Skepps-holmen mit Norrmalm. Von der Brücke bietet sich ein schöner Blick auf Gamla Stan. Wegen der strate-gisch günstigen Lage entstand hier im 17. Jahr-hundert eine Marinebasis.

35

Rechts:
Das Nordiska Museet zog Anfang des 20. Jahrhunderts in das monumentale Gebäude auf Djurgården und präsentiert seither die Kulturgeschichte der letzten 500 Jahre des Landes.

Unten:
Im Vasamuseum kann man das 1628 auf seiner Jungfernfahrt gesunkene Kriegsschiff „Vasa" aus nächster Nähe in Augenschein nehmen. Das Museum liegt unweit der Stelle, wo das stolze Kriegsschiff einst gebaut wurde und wegen eines Konstruktionsfehlers in den Fluten versank. Es wurde nach der Bergung 1961 so rekonstruiert, wie es im Moment des Unterganges aussah.

Links:
Der Bau des National-
museums an der Spitze
von Blasieholmen, nach
Plänen von Friedrich
August Stüler, der auch
das Neue Museum in
Berlin entwarf, fällt sofort
ins Auge. Schwedens größ-
tes Kunstmuseum beher-
bergt rund 16 000 Gemälde
und Skulpturen, dazu eine
umfangreiche Sammlung
an Kunsthandwerk und
Grafiken.

Unten:
Das 1888 erbaute Segel-
schiff „af Chapman" hat
vor Skeppsholmen seinen
letzten Hafen gefunden.
Seit einigen Jahrzehnten
schon dient es als Jugendherberge. Wer es sich
in einer der Kojen bequem
machen möchte, sollte
rechtzeitig buchen, die
Plätze sind heiß begehrt.

Oben:
Heute dient der Kungsträd-
gården als Treffpunkt für
Jung und Alt. Früher befand
sich an dieser Stelle der
königliche Garten – der
Name ist bis heute geblieben – in dem das Gemüse
für den Herrscher ange-
baut wurde.

Rechts:
ABBA ist Kult – nachdem
die vier Schweden 1974 mit
„Waterloo" den Grand Prix
gewonnen hatten, begann
ihr Weltruhm. Nun hat
die Band auch ihr eigenes
Museum auf der Insel Djurgården. Agnetha, Benny,
Björn und Anni-Frid haben
dem Museum viele Erinne-
rungsstücke zur Verfügung
gestellt.

Als das Freilichtmuseum
Skansen 1891 eröffnet
wurde, lag es noch am
Stadtrand von Stockholm.
Seitdem hat sich die Stadt
ausgedehnt, deshalb
bildet Skansen heute eine
grüne Insel inmitten der
Großstadt. Es beherbergt
mehr als 100 historische
Gebäude aus verschie-
denen Epochen und Lan-
desteilen und ist damit
eines der größten Museen
des Landes.

Links:
Zwischen Centralbron und
Vasabron, die beide in die
Altstadt von Stockholm
führen, liegt das Riddar-
huset, eines der schönsten
Herrschaftshäuser der
Stadt. Mitte des 17. Jahr-
hunderts im Stil des hollän-
dischen Barock erbaut,
diente es dem Adel als
Versammlungsstätte.

Oben:
Die imposante barocke Anlage von Schloss Drottningholm spiegelt das Lebensgefühl während der schwedischen Groß- machtzeit im 17. Jahrhun- dert wider. Auch der weit- läufige Park im Stil des französischen Barock und der englischen Romantik zeugt von einer Liebe zur Perfektion. Das Versailles des Nordens auf der Insel Lovön dient seit 1982 der königlichen Familie als Wohnort.

Rechts:
Schloss Tidö im Stil der niederländischen Renais- sance erbaut, liegt auf einer Landzunge des Mälaren. Der Bau aus der schwedischen Groß- machtzeit ist noch heute bewohnt und beherbergt außerdem ein Spielzeug- und Comicmuseum.

Links:

Der Feldherr Carl Gustav Wrangel begann nach dem Dreißigjährigen Krieg mit dem Bau von Schloss Skokloster. Es hat einen quadratischen Grundriss mit vier achteckigen Eck-türmen und zählt heute zu den schönsten Barock-schlössern Schwedens. Große Teile der Einrich-tung sind im ursprüngli-chen Zustand bewahrt.

Unten:

Schloss Gripsholm: Das rote Schloss am Mälarsee ist der Inbegriff der schwedischen Romantik. Begonnen hat den Bau Bo Jonsson Grip im Jahr 1370, Gustav Wasa und Gustav III. führten ihn fort. Um den sechseckigen Innenhof, den man über eine Zug-brücke betritt, gruppieren sich vier mächtige Türme: Gripturm, Wasaturm, Thea-ter- und Gefängnisturm.

Unten:

Typisches Bild im Stockholmer Schärengarten: blaues Wasser, grüne Bäume und graue Felsen unter blauem Himmel. Akzente

setzen die zahlreichen weißen Segelboote, auf denen man vielleicht am besten diese idyllische Landschaft entdecken kann.

Rechts oben:

Mitte des 19. Jahrhunderts zog es die ersten wohlhabenden Stockholmer in die Schären. Hier erfüllten sie sich den Traum von einem Sommerhäuschen. Damals wie heute ist die

„Stuga", das kleine rote Holzhaus mit den weißen Fensterrahmen, das typische Feriendomizil. Wenn dann noch ein eigenes kleines Boot vor der Haustür dümpelt, kann der Sommer kommen.

Rechts Mitte:

Einer der beliebtesten Ausflüge von Stockholm in den Schärengarten führt nach Vaxholm, einem kleinen, malerischen Ort nörd-

lich der Hauptstadt. Schon vom Schiff aus ist das trutzige Kastell zu sehen, das in seiner heutigen Form Mitte des 19. Jahrhunderts errichtet wurde.

Rechts unten: Sandhamn ist ein kleiner Ort auf der Insel Sandön, die zum Stockholmer Schärengarten gehört, allerdings schon weit draußen an der Grenze zum offenen Meer liegt. Die Schriftstellerin Viveca Sten besitzt in Sandhamn ein Ferienhaus und hat ihre Kriminalromane auf der Insel angesiedelt. Einige Bücher wurden an Originalschauplätzen verfilmt und in Deutschland unter dem Titel „Mord im Mittsommer" gesendet.

Linke Seite:

Uppsala, die viertgrößte Stadt Schwedens, ist vom Bahnhof Stockholm in einer halben Stunde mit dem Zug zu erreichen. Bekannt ist Uppsala vor allem durch die älteste Universität Nordeuropas und den Dom, der zwischen 1270 und 1435 im Stil der Gotik erbaut wurde. Mehrere Jahrhunderte lang wurden hier die schwedischen Könige gekrönt und einige von ihnen beigesetzt.

Auf einem Hügel erhebt sich das Schloss von Uppsala, dessen Anfänge auf Gustav Wasa zurückgehen. Ebenso wie große Teile der Stadt wurde auch das Schloss bei der Brandkatastrophe von 1702 stark beschädigt und zunächst nicht wieder instand gesetzt. Erst 1743 begann man unter der Leitung des Baumeisters Carl Hårleman mit der Rekonstruktion.

Sigtuna, etwa 50 Kilometer nordwestlich von Stockholm an einem Seitenarm des Mälarsees gelegen, gilt neben Lund als älteste Stadt Schwedens. Sigtuna wurde um 980 von König Erik Segersäll gegründet. Das heutige Stadtbild wird von kleinen Holzhäusern aus dem 18. und 19. Jahrhundert geprägt, in denen sich einige Geschäfte und Galerien befinden. Sehenswert ist das kleinste Rathaus Schwedens aus dem 18. Jahrhundert.

45

Oben:
Gripsholms Värdshus zählt zu den ältesten Gasthäusern des Landes und kann auf eine mehr als 400-jährige Geschichte zurückblicken. Eingebettet in die historische Kleinstadt Mariefred hat man es nicht weit zum historischen Stadtkern mit seiner Kirche aus dem Jahr 1624, zum Bahnhof, wo die Museumseisenbahnen warten, oder zum romantischen Schloss Gripsholm.

Rechts:
Västerås liegt rund 100 Kilometer westlich von Stockholm an einer Bucht des Mälarsees. Bereits zur Wikingerzeit gegründet und seit 1220 Bischofssitz sind im alten Stadtkern Kyrkbacken noch einige historische Häuser erhalten geblieben.

Oben:
Die Kirche von Mariefred überragt die Holzhäuser, sie ist ein typischer Bau der Großmachtzeit. Oft wird sie auch „Königinnenkirche" genannt, da die beiden Königinnen Christina, mit Karl IX. verheiratet, und Hedwig Eleonora, mit Karl X. Gustav verheiratet, den Bau der Kirche finanzierten.

Links:
Der Callanderska Gården beherbergt das Heimatmuseum von Mariefred. Der Hof lässt sich bis 1594 zurückverfolgen, das heutige Haupthaus stammt aus der Mitte des 18. Jahrhunderts. Im Garten gibt es ein Café.

Seite 48/49:
Vom Park von Schloss Gripsholm genießt man einen herrlichen Blick auf den Mälarsee. Die schönste Anreise ist von Stockholm mit dem Veteranendampfer, der seit 1903 die Strecke fährt.

Unten:
Südlich vom Marktplatz in Nyköping befindet sich am Fluss das Schloss Nyköpingshus, das auf ein Kastell aus dem 12. sowie eine Burg aus dem 13. Jahrhundert zurückgeht. 1665 brannte es nieder und wurde bis heute nur zum Teil wieder aufgebaut. Hier sind das Sörmlands Museum und ein Restaurant untergebracht.

Ganz unten:
Die Industriestadt Nyköping liegt zu beiden Seiten des Flusses Nyköpingsån. Zahlreiche Bürgerhäuser und öffentliche Gebäude wie das Hafenkontor stammen noch aus dem 18. und 19. Jahrhundert. Sehenswert sind das Rathaus von 1723, die Residenz von 1810 und das Gerichtsgebäude von 1909.

Unten:
Die ältesten Teile von Schloss Örebro stammen aus der zweiten Hälfte des 13. Jahrhunderts, Ende des 16. Jahrhunderts wurde der heutige viertürmige Renaissancebau auf einer Insel im Fluss errichtet. Der Name von Stadt und Schloss setzt sich aus „ör", das sind im schwedischen kleine Steinchen, die ein Fluss mitführt, und „bro" – Brücke – zusammen. Denn angefangen hat alles mit einer Brücke über den Fluss, die später mit einer Burg gesichert wurde.

Skåne und Blekinge –
die Kornkammer Schwedens

Der südwestlichste Zipfel Schwedens, die Halbinsel Skanör-Falsterbo, entwickelte sich schon vor über einhundert Jahren zu einem der nobelsten Badeorte. Touristen, aber auch die Bewohner Malmös, *zieht es bis heute an den langen Sandstrand, der von Dünen gesäumt wird. Etwas abseits findet man auch im größten Sommertrubel noch ein ruhiges Plätzchen.*

So weit das Auge reicht, wogen in Schonen goldgelbe Äcker in einer leichten Brise, die ständig vom Meer herüberweht, unterbrochen wird diese Gleichförmigkeit nur durch kleine Wälder. Die Provinz Schonen oder Skåne, wie die Schweden den südlichsten Landesteil nennen, bildet die Kornkammer des Landes, denn der Boden ist fruchtbar und das Klima in Anbetracht der nördlichen Lage außerordentlich mild. Von der Natur verwöhnt, haben es die Skåninger früher zu Wohlstand gebracht, als der Rest der Schweden.

Die strahlend weißen Dorfkirchen mit ihren Treppengiebeln sind die auffälligsten Relikte der dänischen Vergangenheit, die zwar schon mehr als 300 Jahre zurückliegt, aber in vielen Köpfen immer noch lebendig ist. Viele Skåninger wohnen heute noch in strohgedeckten Vierseithöfen, die wie Landmarken über den Äckern thronen. Typisch sind auch die Alleen aus knorrigen Bäumen, die zu den Gehöften führen.

Es ist eine idyllische Landschaft, die den Besucher schnell mit ihrer Beschaulichkeit umfängt. Schonen zählt zu den beliebtesten Reisezielen Schwedens, vor allem wegen des guten Essens, der Sandstrände, der prächtigen Schlösser, Kirchen und Herrensitze, der vielfältigen Museen und der großen Anzahl an Kunsthandwerkern, die sich hier niedergelassen haben.

Die rund 150 000 Einwohner Blekinges, der kleinsten schwedischen Provinz, leben zum Großteil in den Städten Karlskrona, Ronneby, Karlshamn, Olofström und Sölvesborg. Karlskronas größte Sehenswürdigkeit, der 300 Jahre alte Marinestützpunkt, wird von der UNESCO als Weltkulturerbe geführt, Ronneby präsentiert sich als alter Brunnenkurort, Karlshamn als lebhafter Handelsort, Olofström bietet eine Mischung aus Kultur und Natur und Sölvesborg ist eine alte dänische Stadt, klein und gemütlich.

Der Stortorg auf der Insel Trossö bildet den historischen Mittelpunkt von Karlskrona. Blickfang ist die Statue des Stadtgründers Karl XI. Umrahmt wird der Platz vom Rathaus aus dem 18. Jahrhundert, der Dreifaltigkeitskirche mit ihrer mächtigen Kuppel und der zweitürmigen, barocken Frederikskyrka.

Der Marinehafen von Karlskrona zählt zum UNESCO-Weltkulturerbe, doch auch die Altstadt mit einigen sehenswerten Holzhäusern lohnt einen Besuch.

Unten:
Der neu gestaltete Jacht-
hafen von Karlskrona gilt
mit seinem 5-Sterne-
Komfort und der Nähe zu
Stadtzentrum und Marine-
basis als beliebtes Ziel für
Segler und Jachtbesitzer.

Kleine Bilder rechts:
Ein Marinemuseum gibt es in Karlskrona schon seit 1752, seit 1997 befindet es sich auf der Insel Stumholmen nahe dem Zentrum. Das moderne Hauptgebäude (oben) steht teilweise auf Pfählen im Wasser und zeigt Waffen und nautisches Gerät, viele Schiffsmodelle, Navigations- und Kommunikationstechnik (Mitte). Auch eine umfangreiche Sammlung von Galionsfiguren ist zu sehen. Vor dem Museum genießt man einen Blick auf die vorbeifahrenden Schiffe (unten).

Oben:
Dem spanischen Stararchitekten Santiago Calatrava hat Malmö eine weithin sichtbare Attraktion zu verdanken: den Turning Torso. Mit 190 Metern Höhe ist es das höchste Gebäude Schwedens und das zweithöchste Wohnhaus Europas, doch das Besondere ist, dass jedes Stockwerk um 1,6 Grad zum darunter liegenden verdreht wurde. Auf die ganze Höhe summiert sich das auf 90 Grad.

Rechts:
Trotz der Öresundbrücke besitzt der Hafen für die Stadt Malmö noch eine große Bedeutung. Der rotweiße Leuchtturm befindet sich an der Einfahrt zum Innenhafen unweit vom Hauptbahnhof.

Links:

Seit 2000 gibt es eine feste Tunnel-Brücken-verbindung über den Öre-sund. Besonders beein-druckend sind die beiden über 200 Meter hohen Py-lone der Schrägseilbrücke. Durch die Brückenverbin-dung sind Dänemark und Schweden noch enger zusammengewachsen, vor allem die Regionen um Malmö und Kopenhagen profitieren seitdem wirtschaftlich von dem Brückenschlag.

Unten:
Die meisten Sehenswürdigkeiten Malmös liegen innerhalb des Ringkanals, einem verzweigten Wasserweg, der die Altstadt umschließt. Eine Stadtrundfahrt mit den flachen Paddan-Booten, die in der Nähe des Hauptbahnhofs beginnt, führt zu vielen Sehenswürdigkeiten der Stadt.

Rechts oben:
Den historischen Kern Malmös bildet der Stortorg, in dessen Mitte Karl X. Gustav in Feldherrenpose auf seinem Pferd thront. Eingerahmt wird der Platz vom 1860 im Stil der holländischen Renaissance erbauten Rathaus (Foto), der Residenz des Landeshauptmanns und dem Kocks Gård, einem stattlichen Treppengiebelhaus. Hinter dem Rathaus liegt die St.-Petri-Kirche, sie ist das älteste Gebäude der Stadt.

Rechts Mitte:
Eines der vielen imposanten Gebäude in Malmö: die Hauptpost in der Nähe des Bahnhofs.

Rechts unten:
Die vierflügelige Festung Malmöhus aus dem 16. Jahrhundert liegt inmitten eines Wassergrabens. In den Gebäuden der Anlage sind mehrere Museen untergebracht: das Stadtmuseum, das Naturmuseum mit Aquarium und Tropicarium, das Kunstmuseum sowie das Technik- und Seefahrtsmuseum.

Oben:
Der Kungsparken ist der
größte Park im Zentrum
Malmös. Er wurde 1872 als
erster öffentlicher Park der
Stadt von König Oscar II.
eingeweiht und eigentlich
auch nach ihm benannt.
Im Volksmund hieß der
Park von Anfang an aber
nur „Königspark".

Rechts:
Ystad, an der Südküste
Schonens, wirkt mit seinen
mit Kopfstein gepflasterten
Straßen, den verwinkelten
Innenhöfen und den vom
Alter windschiefen Fach-
werkhäusern herrlich nos-
talgisch. Dazu passt auch
die St. Maria Kyrkan,
deren Ursprünge bis ins
13. Jahrhundert zurück-
reichen. Krimifreunde
kennen Ystad bestens aus
den Wallander-Büchern
von Henning Mankell.

Oben:
Der Dom zu Lund, um 1080 von Dänenkönig Knut dem Heiligen gegründet, ist die älteste und bedeutendste romanische Kirche Schwedens. Der heutige Bau stammt aus dem 12. Jahrhundert, wurde danach aber noch mehrmals verändert und restauriert. Im Innern ist die astronomische Uhr (Horologium mirabile Ludense) aus dem 14. Jahrhundert die größte Sehenswürdigkeit.

Links:
Das Freilichtmuseum Kulturen erstreckt sich im Zentrum von Lund über zwei Stadtviertel. Gebäude und Ausstellungen zeigen das Leben vom Mittelalter bis in die 1930er-Jahre. Besonders stimmungsvoll werden Feste wie Mittsommer im Museum gefeiert.

DIE WIKINGER –
SEEKRIEGER FERN DER HEIMAT

Das Wort Wikinger leitet sich vermutlich vom Altnordischen „víkingr" ab und lässt sich mit „Seekrieger, der sich auf langer Fahrt von der Heimat entfernt" übersetzen. Eine durchaus zutreffende Einschätzung, denn am 8. Juni 793 verwüsteten die Wikinger das Kloster Lindisfarne auf einer Insel im Nordosten Englands. Es war wahrscheinlich nicht der erste Überfall nordischer Seefahrer, aber er ging in die Geschichtsbücher als Beginn der Wikingerzeit ein. Damit hatten die Wikinger ihren Ruf als mordende und plündernde Horde weg. Dieser Eindruck sollte ihnen lange anhaften, doch heute sehen wir sie differenzierter, denn das Bild von den mordenden Barbaren entspricht nur teilweise der Wahrheit. Sie waren nämlich auch geniale Schiffbauer, verstanden viel von Navigation und fertigten kunstvollen Schmuck an. Die meiste Zeit lebten sie zudem als friedliche Bauern, wohnten in Dörfern mit mehreren Gehöften, dessen Zentrum das bis zu 30 Meter lange Haupthaus bildete. Eine Hälfte des Hauses bewohnten die Menschen, die andere das Vieh. Gegen Ende der Wikingerzeit wurden die Höfe dann immer größer, mit bis zu 50 Meter langen Haupthäusern ohne Ställe.

Das wichtigste Handelszentrum

Aus den Handelsplätzen der Wikinger entwickelten sich die ersten Städte Skandinaviens. Eines ihrer wichtigsten Handelszentren war Haithabu in der Nähe des heutigen Schleswig, von hier aus wurde der Handel mit ganz Skandinavien und Europa organisiert. Damals war der Seeweg viel schneller und sicherer als eine Reise über Land, zudem bildeten die seetüchtigen Frachtschiffe ein ideales Beförderungsmittel für die kostbaren Waren. Die einstige Wikingerhochburg Haithabu wurde aber vollständig zerstört, nur der halbkreisförmige Wall, der einst das Stadtgebiet umschloss, hat bis heute überdauert.

Kaufleute und Plünderer

Rund 300 Jahre lang, von 750 bis 1050 n. Chr., dauerte das Zeitalter der Wikinger. In dieser relativ kurzen Zeit unternahmen sie unzählige Reisen – als Kaufleute, Plünderer oder Kolonisatoren. Grönland, Island, Amerika, England, Irland, Spanien, Portugal, Nordafrika, Italien, Byzanz und das Kaspische Meer waren Ziele ihrer Reiselust. Ihre schnellen und hochseetüchtigen Schiffe waren damals konkurrenzlos. Manchmal kamen sie mit einer ganzen Flotte, oft aber auch nur mit einem Schiff, und ehe sich Widerstand formieren konnte, waren sie

mit reicher Beute schon wieder auf hoher See. Im Jahr 810 plünderten sie Friesland, einige Jahrzehnte später fielen sie über Hamburg her und eroberten Paris. Der Bericht eines französischen Mönchs aus dem Jahr 860 zeichnet ein Bild des Schreckens: „Der endlose Strom der Wikinger nimmt kein Ende. Überall fallen Christen Massakern, Bränden und Plünderungen zum Opfer. Die Wikinger erobern alles auf ihrem Weg. Niemand kommt gegen sie an. Sie haben Bordeaux, Perigeux, Limoges, Angoulême, und Toulouse erobert. Angers, Tours und Orleans sind zerstört. Eine gewaltige Flotte fährt flussaufwärts, das Böse verbreitet sich im ganzen Lande. Rouen liegt zerstört da, ist verwüstet, niedergebrannt. Paris, Beauvais und Meaux sind erobert, die starke Festung von Melun dem Erdboden gleichgemacht, Chartres besetzt, alle Städte belagert."
Seit Beginn der Eroberungsfahrten wurden die Wikinger in fernen Ländern sesshaft. In Frankreich besiedelten sie die Normandie. Dublin wurde von ihnen gegründet, auf den menschenleeren Inseln Island und Grönland entstanden ebenfalls Wikingersiedlungen. Ihre Abenteuerlust führte sie sogar bis nach Nordamerika, wo sie zumindest zeitweise Ansiedlungen unterhielten.

Faszinierende Relikte
aus der Wikingerzeit

In ganz Nordeuropa haben die Wikinger Spuren hinterlassen, kein Wunder, dass kaum eine Epoche die Skandinavier mehr bewegt, als die Zeit der wilden Rotbärte. Im schon weiter oben erwähnten Museum Haithabu kann man die Funde der über 100-jährigen Ausgrabungen bewundern. Spektakulärstes Ausstellungsstück ist das rekonstruierte Langschiff Haithabu I. Das Fotevikens Museum in Südschweden zeigt ein Wikingerdorf aus dem Jahr 1134. Direkt am dänischen Roskildefjord hat man für die fünf geborgenen Schiffe aus der Wikingerzeit ein Museum errichtet. Eines der besterhaltenen Schiffe aus der Wikingerzeit kann im Osloer Vikingskipshuset besichtigt werden.

Links:
Im Wissenschaftszentrum Fenomenalen in Visby kann man sich auch über die Runensteine der Wikinger informieren.

Oben:
Im Freilichtmuseum Foteviken, zwischen Trelleborg und Skanör, wurde ein ganzes Wikingerdorf mit mehr als 20 Gebäuden rekonstruiert.

Rechts oben:
Die Gebäude im Fote-
vikens Museum am Öre-
sund stellen ein Wikingerdorf aus dem Jahre 1134
mit entsprechenden
Schmuckelementen nach.

Rechts Mitte:
In der zentral gelegenen
Tinghöll, einem Langhaus,
hielt der Clanchef
Versammlungen ab und
bewirtete Gäste.

Rechts:
In den Räumen des
Fotevikens Museums wird
die Wikingerzeit wieder
lebendig: Darsteller
zeigen das Leben zur
damaligen Zeit.

Oben:
Einen Hafen mit Fischerbooten gibt es zwar auch in Simrishamn, doch die meisten Besucher des Ortes an Schwedens Südostzipfel zieht es in die engen Gassen mit niedrigen, in leuchtenden Farben gestrichenen Fachwerkhäusern. Die Strände in der Umgebung runden das positive Bild ab.

Rechts:
Das Naturum Vattenriket am Fluss Helge å ist das Besucherzentrum des Biosphärenreservats, das sich rund um Kristianstad ausbreitet. Hier kann man sich über die Wasserlandschaft informieren. Im Stadtkern der ehemaligen Festungsstadt zeugen viele historische Gebäude von der bewegten Vergangenheit.

Links:

„Im südöstlichen Schonen, nicht weit vom Meer entfernt, liegt eine alte Burg, Glimmingehaus genannt. Sie besteht aus einem einzigen hohen, großen und starken steinernen Bau, den man in der ebenen Gegend meilenweit sehen kann. Sie hat nur vier Stockwerke, ist aber so mächtig, dass ein gewöhnliches Bauernhaus sich wie ein Puppenhäuschen dagegen ausnimmt." So beschreibt Nils Holgersson bei seiner Reise mit den Wildgänsen Glimmingehus, Schwedens einzige mittelalterliche Burg.

Unten:

Die Hafenstadt Landskrona war lange zwischen Dänen und Schweden umkämpft, deshalb ließ im 16. Jahrhundert der dänische König Christian eine Zitadelle aus roten Ziegelsteinen erbauen.

Unten:
*Mitten im Öresund liegt
die kleine Insel Ven. Auf
ihr lebte der Astronom*

*Tycho Brahe von 1576 bis
1597. Unter ihm entwickelte
sich Ven zum Zentrum der
naturwissenschaftlichen*

*Forschung. Seine Wir-
kungsstätten – Uranien-
burg und Sternenburg –
sind leider nur teilweise*

*erhalten geblieben. Zur
Insel gibt es mehrmals
täglich von Landskrona
eine Bootsverbindung.*

Unten:
Der Skåneleden: Auf 89 Etappen führt der Wanderweg durch Schonen, mal an der Küste entlang, mal durchs Landesinnere. Wem die 1000 Kilometer zu lang erscheinen, kann auch einzelne Abschnitte als Tageswanderung in Angriff nehmen.

Ganz unten:
Die Kullenhalbinsel ragt zwischen dem Öresund und der Bucht Skälderviken weit in die Ostsee. Die Straße von Ängelholm nach Mölle (Foto) schlängelt sich durch eine hügelige Kulturlandschaft mit kleinen, verschlafenen Dörfern. Seit 1971 steht der Kullaberg unter Naturschutz.

Seite 70/71:
Eine Fähre legt im schwedischen Helsingborg an. Aus den Häusern der Altstadt sticht der 65 Meter hohe Turm des neugotischen Rathauses heraus. Zentral im Bild: das Wahrzeichen der Stadt, der Kärnan, ein viereckiger Backsteinturm. Um 1400 bildete er den Mittelpunkt einer Festung, die allerdings 1680 zerstört wurde.

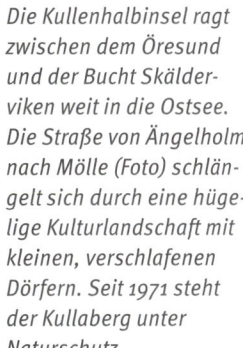

Småland, Öland, Gotland –
kunstvolles Glas und sonnige Inseln

Össby liegt im Süden der Insel Öland, nicht weit von der Fluchtburg Eketorp. Nicht nur im kleinen Dorf, auch im Hafen geht es beschaulich zu.

Die historische Provinz Småland wirkt mit ihren großen Nadelwäldern, den vielen Seen und ausgedehnten Mooren typisch skandinavisch. Den Namen verdankt sie ihrer Entstehung aus einer Reihe kleiner Länder – schwedisch „små land". In Småland gibt es so viele Glashütten, dass sich in Werbebroschüren der Begriff „Glasreich" durchgesetzt hat. Jede Hütte hat ihren eigenen Stil und arbeitet mit bekannten Glaskünstlern zusammen.

Småland ist aber auch bekannt durch die Kinderbücher von Astrid Lindgren. Ihre Geburtsstadt Vimmerby spielt in ihren Büchern eine wichtige Rolle, wer sich umschaut, wird viele der Schauplätze wiedererkennen.

Der schmale Kalmarsund trennt die 140 Kilometer lange, aber nur maximal 16 Kilometer breite Insel Öland vom Festland. Seit 1972 überspannt eine gut sechs Kilometer lange Brücke den Sund. Die Insel ist ungewöhnlich sonnenscheinreich, was sicher auch ein Grund war, dass Prominente wie Astrid Lindgren oder Herbert Wehner im Sommer immer wieder gerne nach Öland kamen. Auch die Königsfamilie hat schon lange ihre Liebe zu Öland entdeckt und verbringt die Ferien in dem kleinen Lustschloss Solliden.

Gotland, nach dem dänischen Seeland die zweitgrößte Ostseeinsel, besteht überwiegend aus einem Kalksteinplateau, das nach Osten immer flacher wird. Hier liegen die meisten Sandstrände, die sich häufig hinter kleinen Dünen oder Kiefernwäldchen verstecken und die Gotland neben den vielen Sonnenstunden zu einem beliebten Sommerziel machen. Über weite Strecken gleicht Gotland einem Flickenteppich aus Wäldern und Feldern. Windzerzauste, verkrüppelte Kiefern, niedrige Hecken, Wacholder und Weißdorn runden das Bild der Insel ab. Im Sommer heizt sich der kalkhaltige Boden stark auf und sorgt für einen milden Herbst.

Rechts:
*Das Tändsticksmuseet von
Jönköping ist in einer ehemaligen Streichholzfabrik
untergebracht und erzählt
die Geschichte eines kleinen, aber einst wirtschaftlich ungemein wichtigen
Exportartikels. Ivar Kreuger
aus Jönköping war zu
Beginn des 20. Jahrhun-
derts der unumstrittene
Zündholzkönig, der lange
das weltweite Monopol für
Streichhölzer besaß.*

Unten:
*Das Stora Hotel ist eines
von Jönköpings imposan-
testen Gebäuden. Seit der
Eröffnung 1860 wurde es
zwar gründlich saniert, hat
dabei aber nichts vom
nostalgischen Charme und
Prunk eingebüßt.*

Nördlich von Jönköping liegt in der Nähe des Vättern der kleine Ort Habo. Auf den ersten Blick wirkt die rund fünf Kilometer südwestlich gelegene Holzkirche nicht spektakulär, doch ihr Inneres ist wegen der fast lückenlosen Wand- und Deckengemälde aus den 1740er-Jahren äußerst bemerkenswert. Zu sehen sind Szenen aus Luthers Katechismus und Bilder, die die Zehn Gebote sowie das Vaterunser thematisieren.

Wer Astrid Lindgrens Buch
„Michel aus Lönneberga"
gelesen oder den Film
gesehen hat, möchte sich
vielleicht auch den Drehort
anschauen. In Småland
gibt es zwar einen Ort, der
Lönneberga heißt, die
Filme wurden allerdings in
dem kleinen Ort Gibberyd
und dort auf dem Katthult-
Hof gedreht.

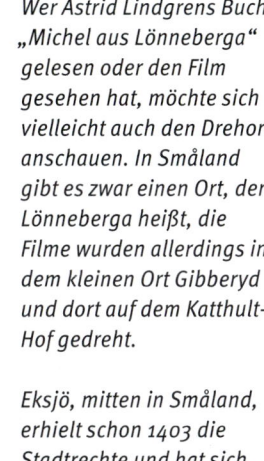

Eksjö, mitten in Småland,
erhielt schon 1403 die
Stadtrechte und hat sich
bis heute seine einzigartige
Holzhausarchitektur sowie
den mittelalterlichen
Stadtgrundriss bewahrt.
Ein Brand in der Altstadt
von Eksjö im Jahr 2015 hat
jedoch mehrere kulturhis-
torisch wertvolle Gebäude
zerstört.

Rechts:
Vimmerby zählt zu den ältesten Städten Schwedens, ein Gründungsjahr ist allerdings nicht überliefert. Im Mittelalter wurde die Stadt mehrfach zerstört, große Teile der Bebauung der Hauptstraße Storgatan stammen noch aus der Zeit um 1700.

Unten:
Wer kennt sie nicht, die Villa Kunterbunt und Pippi Langstrumpf? Im Erlebnispark Astrid Lindgrens Värld kann man sich die Schauplätze von Astrid Lindgrens Geschichten anschauen. Neben der Villa Kunterbunt sind dies die Mattisburg aus „Ronja Räubertochter", der Katthulthof aus „Michel aus Lönneberga" und natürlich „Bullerbü".

Oben:
Wie wäre es mit etwas schwedischer Idylle für den heimischen Garten? Schwedenhäuschen im Miniaturformat oder Trollhäuser stehen hier in Kosta im lichten Grün.

Links:
Im Grönåsens Älgpark bei dem Städtchen Kosta kann man den „König der Wälder" mit etwas Geduld aus nächster Nähe in den weitläufigen Gehegen beobachten. Von mehreren Aussichtstürmen aus können Besucher die Gehege überblicken. Im Shop werden Elchprodukte und Souvenirs angeboten.

Das bemerkenswerteste Bauwerk der Stadt Växjö ist der weithin sichtbare Dom mit seinem von zwei spitzen Turmhelmen gekrönten Westwerk. Erbaut im 12. Jahrhundert, zeigen sich Wände und Gewölbe der dreischiffigen Basilika nach der letzten Sanierung von 1995 fast schmucklos. Bemerkenswert sind die modernen Kunstwerke, unter anderem von den bekannten Glaskünstlern Göran Wärff und Bertil Vallien.

Links und unten links:

In der Transjö Hytta, einer Studioglashütte in Kosta, kann man den Glaskünstlern bei der Arbeit zuschauen und einzigartige handgefertigte Objekte aus dem Glasreich Schwedens erstehen. König Gustav II. Adolf holte im 17. Jahrhundert die ersten Glasbläser ins Land.

Links:

Von 1846 bis 1930 verließen rund 20 Prozent der Schweden das Land – hauptsächlich in Richtung Amerika. Das Utvandrarnas Hus (Schwedisches Emigrationsinstitut) in Växjö wurde zur Dokumentation dieser Auswanderungswelle gegründet. Mittlerweile widmet sich das Institut auch der Einwanderung nach Schweden.

Unten:
Nachdem Kalmar durch Kriege gegen Dänemark und durch einen Großbrand weitgehend zerstört worden war, wurde die Stadt nach 1647 auf der Insel Kvarnholmen neu erbaut. Den Mittelpunkt der Altstadt bildet der Stortorg mit der Domkirche, die in der zweiten Hälfte des 17. Jahrhunderts nach Plänen von Nicodemus Tessin d. Ä. errichtet wurde.

Ganz unten:
Das 1658 fertig gestellte Westtor (Västerport), auch Hohe Wacht (Högvakten) genannt, bildete bis 1870 die wichtigste Einfahrt zur Mühleninsel (Kvarnholmen) von Kalmar. Im Hintergrund erhebt sich der alte Wasserturm, in dem sich heute Wohnungen befinden.

Rechts:
Kalmar besaß früher eine strategisch wichtige Lage an der Handelsroute durch den Kalmarsund. Eine wichtige Rolle spielte dabei das Schloss, das lange Zeit der südlichste Vorposten des Landes war. Von Wassergräben umgeben, beeindruckt der fünftürmige Bau, der als mittelalterliche Burg entstand und später zum Renaissancepalast umgebaut wurde, noch heute.

Unten:
*Der Leuchtturm Långe
Jan befindet sich auf der
Südspitze von Öland.
Im Sommer ist der Turm
für Besucher geöffnet.
Die Gebäude um den*
*Leuchtturm werden von
der Vogelwarte Ottenby
genutzt. Auch auf der
Nordspitze von Öland gibt
es einen Leuchtturm, den
Långe Erik.*

Oben:
*Im Frühsommer verwan-
delt sich die Stora Alvaret
im Süden Ölands in einen*
*bunten Blumenteppich.
Doch bald darauf verdorrt
fast jede Vegetation in
der hitzeflirrenden Luft des*
*Sommers. Deshalb wird
die Stora Alvaret auch nur
als Schafweide genutzt.*

85

Das Gräberfeld Gettlinge (Gettlinge gravfält) auf Öland ist eines der größten Schwedens. Es befindet sich im Süden der Insel, entlang der westlichen Landstraße, die die Dörfer Gardstorp, Gettlinge und Klinta verbindet. Das Gräberfeld war von 1000 v. Chr. über 2000 Jahre lang in Gebrauch.

Eketorp ist die einzige rekonstruierte, frühgeschichtliche Burg Ölands. Schon aus der Ferne ist die kreisrunde, zinnengekrönte Mauer in der flachen Ebene Südölands auszumachen. Durch ein kleines steinernes Tor betritt man das Innere der Burg, deren erste Teile im 4. Jahrhundert entstanden sind.

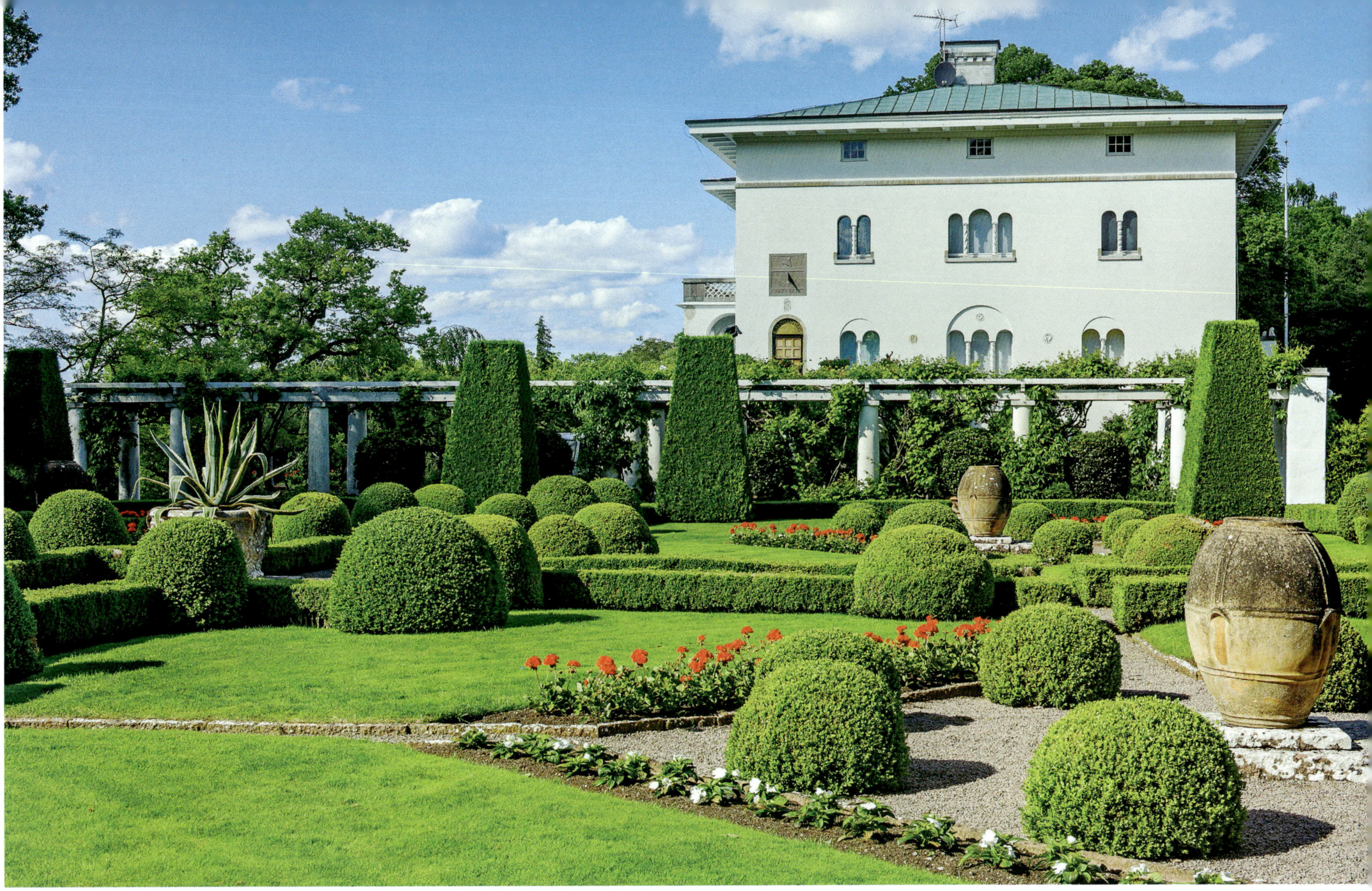

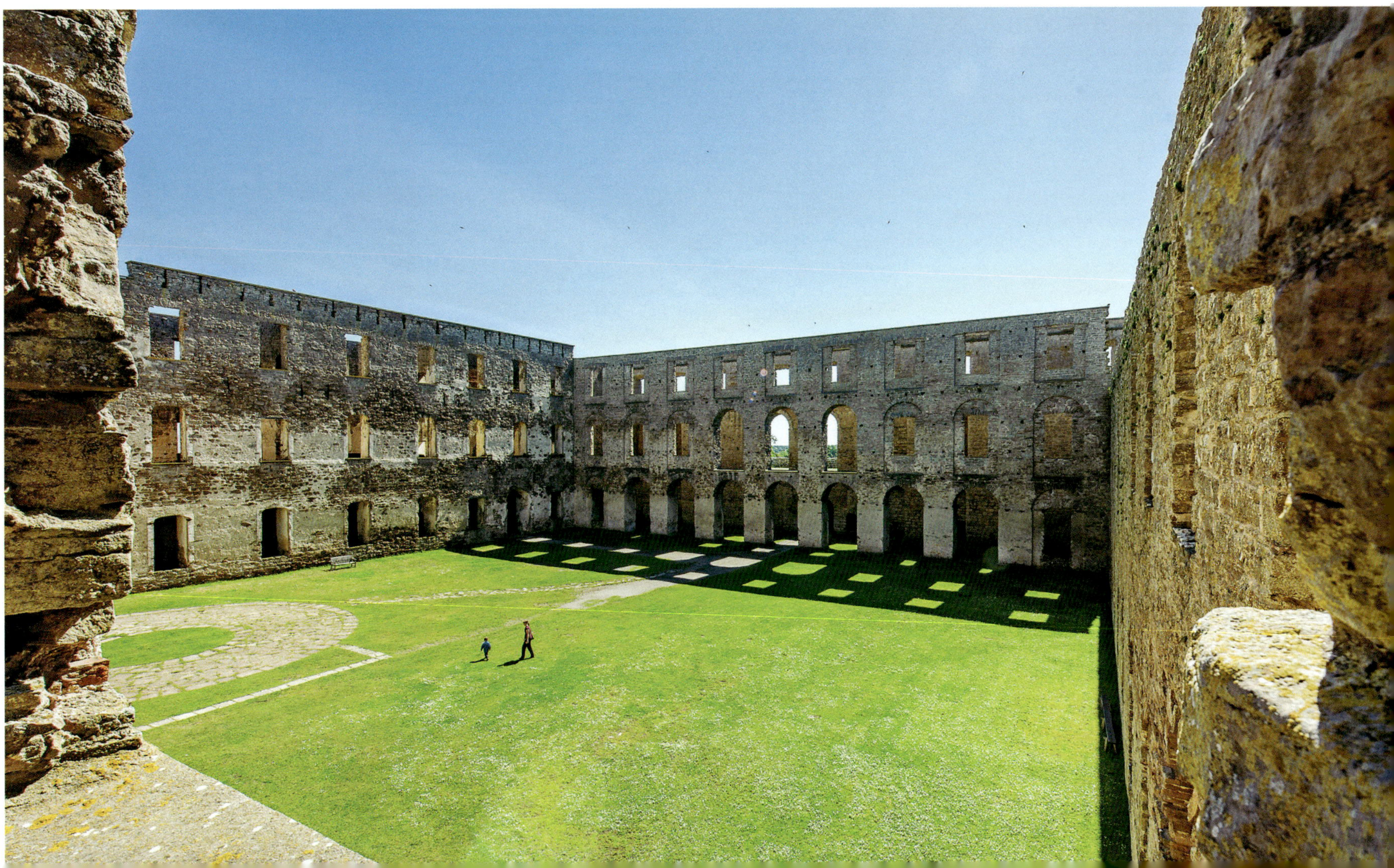

SPUREN DER VERGANGENHEIT – FELSRITZUNGEN UND FRÜHGESCHICHTLICHE BURGEN

Nach dem Ende der letzten Eiszeit begannen die Menschen relativ schnell mit der Besiedlung Skandinaviens. Die ältesten Artefakte wurden in Südschweden gefunden und stammen aus der Zeit um 10 000 v. Chr. Kleine Stämme, die vom Fischfang und der Jagd lebten, folgten dem sich zurückziehenden Eis.

Bronzezeitliche Kunst

Zu den beeindruckendsten Zeugnissen der Bronzezeit zählen rund 3000 Jahre alte Felsritzungen, sogenannte Hällristningar, die man an der gesamten Küste von Bohuslän gefunden hat. In Stein gehauene Bilder der frühen Menschheit gibt es auf der ganzen Welt, aber nirgendwo sind sie so zahlreich wie an der schwedischen Westküste. Die häufigsten Motive sind Krieger, Schiffe, Wagen und Tiere. Um die nur wenige Millimeter in den Stein geritzten Bilder besser erkennen zu können, wurden viele Hällristningar mit roter Farbe ausgemalt. Ob sie auch vor 3000 Jahren farbig waren, ist nicht bekannt.

Eine der Schiffsritzungen zeigt einen Mann, dessen Axt ebenso übertrieben groß dargestellt ist, wie der Speer neben ihm. In bronzezeitlichen Gräbern wurden häufiger große Äxte gefunden. Da sie jedoch einen Lehmkern und nur einen dünnen Bronzeüberzug haben, waren sie wahrscheinlich keine Arbeits- oder Kriegsgeräte, sondern wurden für Zeremonien genutzt.

Eine der faszinierendsten Ansammlungen von Felsritzungen befindet sich ein gutes Stück landeinwärts in Torsbo, östlich von Hamburgsund. Hier haben uns die Menschen der Bronzezeit zu zehn Felsen rund 900 Hällristningar hinterlassen, darunter mehr als 100 Schiffe. Das größte Schiff misst 4,5 Meter und hat 124 Passagiere an Bord. Die Menschen sind nur durch Striche angedeutet, die hakenförmigen Gestalten symbolisieren höchstwahrscheinlich Lurenbläser. Da es mit der Technik der Bronzezeit kaum möglich war, solch große Schiffe zu bauen, zeigt diese Abbildung wahrscheinlich eher ein Symbol für die Fahrt ins Totenreich. Auf dem Felsen von Vitlycke, nicht weit vom Museum, ist die bekannteste Felsritzung Schwedens zu bewundern. Sie zeigt ein Brautpaar, das wahrscheinlich eine heilige Hochzeit feiert.

Die bronzezeitlichen Felsritzer von Bohuslän haben Menschen und Tiere auf das Wesentliche oder die Umrisse reduziert, trotzdem sind die Abbildungen faszinierend vielfältig und man entdeckt immer wieder neue Details. Leider wissen wir nur wenig über die damaligen Bewohner von Bohuslän, so sind die Hällristningar für uns heute wie ein Bilderbuch, zu dem der Text verlorengegangen ist. Auch die Bedeutung des Schiffshebers bleibt rätselhaft: Warum stemmt ein Mann ganz allein ein großes Schiff? Ist es nur ein Zufall, dass ähnliche Motive auch in Ägypten gefunden wurden oder gab es damals schon Verbindungen zwischen dem Mittelmeer und Skandinavien?

Eine rätselhafte Burg

Schon aus der Ferne ist die kreisrunde, von Zinnen gekrönte Mauer von Eketorp in der flachen Ebene im Süden der Insel Öland auszumachen. Es ist die einzige rekonstruierte frühgeschichtliche Burg Ölands, Archäologen vermuten jedoch, dass es früher noch mindestens fünfzehn weitere Burgen auf der Insel gegeben hat. Errichtet wurde Eketorp zu Beginn der Germanischen Eisenzeit um 300 n. Chr., danach wurde sie in drei Phasen um- und ausgebaut und schließlich zur Zeit der Christianisierung endgültig aufgegeben.

Durch ein kleines steinernes Tor gelangt man ins Innere der Burg, wo einige der gedrungenen, reetgedeckten Häuser der eisenzeitlichen Fluchtburg mit Originalmaterialien rekonstruiert wurden. Im Museum wird die teilweise immer noch rätselhafte Geschichte der Burg beleuchtet. Bis heute gibt es keine Erklärung, warum um 700 n. Chr. plötzlich alle Bewohner die Anlage verließen und Eketorp nur noch als Fluchtburg genutzt wurde.

Eine Theorie besagt, dass die sanitären Verhältnisse so katastrophal waren, dass ein Leben innerhalb der Mauern nicht mehr möglich war. 300 Jahre lang stand Eketorp jedenfalls leer, bis dann 150 neue Gebäude innerhalb des Mauerkreises entstanden. Im 14. Jahrhundert wurde die Burg endgültig verlassen, bis die Ausgrabungen in den 1960er-Jahren sie aus ihrem Dornröschenschlaf erweckten.

Links:
Bronzezeitliche Felsritzungen, hier in Tanum, findet man überall entlang der Küste von Bohuslän. Insgesamt sechs Fundstellen – Vitlycke, Aspeberget/ Tegneby, Fossum, Litsleby, Gerum und Kalle werden von der UNESCO als Weltkulturerbe geführt.

Oben:
Bei dem kleinen Ort Kåseberga befindet sich Skandinaviens größte Steinsetzung: Ales Stenar. Sie besteht aus 58 Granitsteinen, die einen 67 Meter mal 19 Meter großen Schiffsgrundriss bilden, die Stevensteine sind rund drei Meter hoch, die restlichen etwas niedriger.

Kleine Bilder rechts, von oben nach unten: Die erste Burganlage im Süden Ölands entstand zum Beginn der Eisenzeit. Bis ins 13. Jahrhundert wurde Eketorp um- und ausgebaut, bis die Anlage zur Zeit der Christianisierung verlassen wurde. Heute sind große Teile der Fluchtburg rekonstruiert.

Das kulturhistorische Museum Bunge befindet sich westlich von Fårösund auf der Insel Gotland. Es zeigt vor allem das einstige bäuerliche Leben auf der Insel, einige der Häuser aus dem 17. bis 19. Jahrhundert sind komplett eingerichtet.

In Rök befindet sich einer der schönsten, aber auch rätselhaftesten der rund 2000 schwedischen Runensteine. Er ist fast vier Meter hoch, wurde wahrscheinlich im 9. Jahrhundert errichtet, und trägt sowohl auf der Vorder- wie auf der Rückseite eine Runeninschrift in altnordischer Sprache.

Die Seglora-Kirche wurde 1730 in Västergötland errichtet, 1916 zerlegt und im Stockholmer Freilichtmuseum Skansen wieder aufgebaut. Bemerkenswert zeigt sich ihre Innenausstattung mit Gemälden von Sven Wernberg aus der Mitte des 18. Jahrhunderts.

Oben:
Der Trollwald (Trollskogen)
gehört zum Ökopark Böda
und liegt auf der nord-
östlichsten Landzunge
Ölands. Hier gibt es einen
unbewirtschafteten Urwald
mit uralten, knorrigen
Zaubereichen (Trolleken).
Am Strand liegt das Wrack
des Schoners „Swiks",
der während eines Sturms
zu Weihnachten 1926
strandete.

Rechts:
Die kleine, unbewohnte
Insel Blå Jungfrun (Blaue
Jungfrau), die zum gleichnamigen Nationalpark
gehört, liegt im nördlichen
Kalmarsund und besteht
zu großen Teilen aus
Granitklippen. An der Südspitze befindet sich ein
Labyrinth mit 15 Ringen,
das einer Steinsetzung
ähnelt, dessen Bedeutung
aber unklar ist.

Oben:
Ausblick auf die Altstadt von Visby von oberhalb des Doms – gut zu erkennen sind die Kirchenruinen der Stadt. Sie stehen seit mehr als 400 Jahren als Mahnmale zwischen den Häusern.

Ganz links:
Das Wahrzeichen Visbys ist die 3,5 Kilometer lange mittelalterliche Mauer, die die Altstadt fast vollständig umschließt. Mit ihren 44 Wehrtürmen sollte sie die Stadt gegen die kriegerischen Bauern beschützen.

Links:
Bei der alljährlichen Mittelalterwoche bestimmen Marketender, Gaukler und Handwerker das Altstadtbild, auch Ritterspiele gehören zum Programm.

Seite 92/93:
Das Naturschutzgebiet Ekstakusten liegt an der Westküste Gotlands südlich des Dorfes Djupvik. Bei einem Spaziergang entlang der Küste genießt man einen schönen Blick auf die beiden vorgelagerten Inseln Stora Karlsö und Lilla Karlsö.

Etwa in der Mitte Gotlands liegt die Ruine des Roma- klosters, das 1164 von den Zisterziensern gegründet worden ist. Die dreischiffige Basilika ist ein gutes Bei- spiel zisterziensischer Bau- kunst. Im Ort Roma kann man in der ehemaligen Zuckerfabrik eine Whisky- brennerei besichtigen.

Das Freilichtmuseum Bunge westlich von Fårösund betritt man durch ein mittel- alterliches Hoftor. Diese Torbauten waren früher für Großbauernhöfe, Kirch- und Pfarrhöfe im nördli- chen Teil Gotlands typisch. Den Zaun aus schräg gestellten Holzstangen, der sehr effektiv gegen Schneeverwehungen schützt, findet man nur auf Gotland und in Estland.

Rechte Seite:
Die Kirche von Bro ist eine der typischen Landkirchen Gotlands. In dem heutigen Bau vermengen sich roma- nische und gotische Elemente. Bemerkenswert sind das frühgotische Chorportal, das Langhaus- portal im Stil der Hoch- gotik sowie mittelalterliche Wandmalereien im Chor und im Langhausgewölbe.

Links:
Raukar sind mehrere Meter hohe Kalkstein-säulen, die schönsten findet man auf der kleinen Insel Fårö, die nur durch einen schmalen Sund von Gotland getrennt ist. Im Naturreservat Digerhuvud stehen auf 3,5 Kilometern Länge mehrere hundert Raukar. Im weiter nördlich gelegenen Langhammars gibt es ungefähr 50 Raukar, die wie bizarre Skulpturen und steinerne Totempfähle aus dem Geröllstrand wachsen.

Oben und ganz oben:
Die acht Kilometer lange und fünf Kilometer breite Insel Gotska Sandön, 40 Kilometer nördlich von Fårö, ist Teil des gleichnamigen Nationalparks. Es gibt Bootsverbindungen von Fårö und Nynäshamn. Da die Insel keinen Hafen besitzt, werden Besucher am Strand abgesetzt und müssen zu Fuß zum Campingplatz laufen, der mitten im Wald liegt. Das Gepäck wird mit einem Traktor transportiert.

Die Westküste – größter Hafen des Landes und Badewanne der Nation

An der Südküste der Insel Tjörn liegt der kleine Ort Rönnäng. Beim Blick aufs Meer sieht man eine Vielzahl kahler Schärenbuckel – ein für Segler anspruchsvolles Revier.

Die Küste südlich von Göteborg lockt mit vielen Sandstränden und gilt deshalb als Badewanne der Nation. Viele bekannte Badeorte mit Tradition säumen die Küste: Laholm, Halmstad, Tylösand, Falkenberg oder Varberg. Sie alle locken im Sommer sonnenhungrige Touristen an, ohne dabei aus den Nähten zu platzen. Hochhäuser gibt es keine in Strandnähe, denn die meisten Schweden ziehen es vor, ihren Sommerurlaub in einem Ferienhaus hinter den Dünen oder im Küstenwald zu verbringen.

Göteborg, 1621 von König Gustav II. Adolf nach holländischem Muster gegründet, breitet sich zu beiden Seiten des Flusses Göta älv aus und ist mit mehr als 530 000 Einwohnern die wichtigste Stadt Westschwedens. Sie besitzt den größten Hafen des Landes, der im Gegensatz zum Stockholmer Hafen das ganze Jahr über eisfrei bleibt. Ein weiterer wirtschaftlicher Standortvorteil ist die Lage am Göta älv, auf dem auch größere Schiffe bis weit ins Landesinnere fahren können.

Nördlich von Göteborg werden die Sandstrände seltener und Felsen, Klippen und Schären beherrschen zunehmend das Landschaftsbild. Stichstraßen enden oft an winzigen Häfen, von denen die Freizeitkapitäne zu ihren Ferienhäusern auf den vom Eis blank polierten Granitklippen starten. Auch an diesem Küstenabschnitt befinden sich – ähnlich wie südlich von Göteborg – mehrere Badeorte.

Zwischen Stenungsund und Uddevalla liegen vor der Küste die beiden großen Inseln Tjörn und Orust, die durch Brücken mit dem Festland verbunden sind. Nördlich der Inseln reichen einige Fjorde wie lange, dünne Finger in die Landschaft Bohusläns hinein. Sie erreichen zwar nicht die majestätischen Ausmaße der norwegischen Fjorde, doch der Gullmarsfjord mit seinen steilen Ufern dringt immerhin 25 Kilometer ins Landesinnere vor.

Oben:
Der Ferienort Tylösand in der Nähe von Halmstad beeindruckt mit einem kilometerlangen Sandstrand, an den sich Dünen anschließen. In den Randbereichen gibt es aber auch steinige Abschnitte. In jedem Fall genießt man einen schönen Blick auf die kleine vorgelagerte Insel.

Rechts:
Neben der Festung von Varberg steht das Kaltbadehaus aus dem 19. Jahrhundert, ein Relikt aus der Zeit, als Varbergs Aufstieg zum noblen Badeort begann. Der Holzbau mit seiner orientalisch verspielten Fassade und den Türmchen ragt auf Pfählen ein gutes Stück ins Wasser hinein.

Ganz links und links:
Varbergs größte Sehenswürdigkeit ist die Festung. Im 13. Jahrhundert wurde an dieser Stelle die erste Festung von Jakob von Halland erbaut, die heutige Anlage stammt aus dem 17. Jahrhundert und beherbergt Varbergs kulturhistorisches Museum, eine Jugendherberge und ein Restaurant.

Unten:
Die Schaffarm Öströö liegt östlich von Tvååker und hält rund 500 Tiere inmitten von Buchenwäldern. Im gut sortierten Hofladen kann man sich mit Fleisch-, Wurst- und Käseprodukten eindecken, oder man lässt sich im Café verwöhnen. Die Farm bietet auch Lammsafaris an.

Links:
Blick vom Vetteberg auf
Fjällbacka in der Provinz
Bohuslän. Durch den Vette-
berg verläuft die Schlucht
„Kungsklyfta", in der Teile
des Films „Ronja Räuber-
tochter" gedreht wurden.

Ingrid Bergmann verbrachte
regelmäßig ihren Urlaub
auf der Insel Danholmen
vor Fjällbacka. Die Schriftstellerin Camilla Läckberg
stammt aus Fjällbacka und
lässt ihre Kriminalromane
in der Gegend spielen.

Unten:
In Fjällbacka kann das
Leben sehr gemütlich
sein – ein ruhiges, sonni-
ges Plätzchen am Hafen
und das Boot vor der Tür.

Oben:
Grebbestad an der Küste
Bohusläns ist eines der
populärsten Seebäder

Schwedens. Vor allem die
südlich gelegene Ferien-
anlage Tanumstrand ist bei
Urlaubern beliebt. Auch

die Fischerei spielt noch
eine Rolle, Schleppnetz-
fischer bringen Garnelen
und Krebse in den Hafen.

Nicht nur Köttbullar – schwedische Gaumenfreuden

Wer in schwedischen Supermärkten und Restaurants nach Landestypischem sucht, wird manch Überraschendes und Leckeres entdecken. Den Tag beginnen die Schweden mit *frukost*, mittags essen sie *lunch* und am Abend *middag*. Nach dem normalerweise reichhaltigen Frühstücksbuffet im Hotel kann man sich zur Mittagszeit mit einem preisgünstigen *dagens rätt* oder *dagens lunch* stärken, das ist in der Regel ein warmes Tellergericht mit Salat, Brot und Butter, selbst ein alkoholfreies Getränk und Kaffee sind manchmal dabei. Als Hauptgericht bekommt man häufig deftige Hausmannskost, also die legendären Fleischbällchen (*köttbullar*), gebratenen Hering (*stekt strömming*) oder Kohlrouladen (*kåldolmar*).

Sieben verschiedene Kekse

Wenn der Blutzuckerspiegel seinen Tiefpunkt erreicht hat, das ist bei den Schweden Punkt drei Uhr am Nachmittag, ist es Zeit für die Kaffeepause. Dann ruht das Büroleben für eine halbe Stunde, um dieses heilige Ritual zu zelebrieren. Für eine gute Pause sind vier Regeln zu beachten: Jeder muss daran teilnehmen. Über die Arbeit zu reden, ist strikt verboten. Wer für die Kekse zuständig ist, sollte sie selbst gebacken haben. Diejenigen, die keinen Kaffee möchten, sollten keinesfalls Tee, sondern Saft trinken. Über die Bedeutung der Kekse, es sollten übrigens sieben verschiedene Sorten sein, und den richtigen Saft ist schon viel geschrieben worden. Eines der Bücher *Sju Sorters Kakor* ist ein Bestseller auf dem schwedischen Buchmarkt. Es soll übrigens Büros geben, die sich über diese Regeln hinwegsetzen, aber dort findet sich nach Meinung vieler Schweden kein erstrebenswerter Arbeitsplatz.

Für den großen Hunger

Hering, Lachs, Knäckebrot und *smörgåsbord* sind die kulinarischen Köstlichkeiten, die man am ehesten mit Schweden in Verbindung bringt. *Smörgåsbord* bedeutet, wörtlich übersetzt, an sich nur ein Tisch (*bord*) voller Butterbrote (*smörgås*). Schaut man auf all die Köstlichkeiten, die heute zu einem *smörgåsbord* gehören, erscheint die ursprüngliche Bedeutung als typisch schwedisches Understatement. Das *smörgåsbord* hat sich zu einem Exportschlager mit dem Gütesiegel „Made in Sweden" entwickelt und einen Siegeszug durch die internationalen Hotels angetreten.
Neben Räucherlachs (*rökt lax*) bildet *gravad lax* einen unverzichtbaren Bestandteil. Vor der Erfindung der Tiefkühltruhe war es ein Problem,

den edlen Fisch, den man im Frühsommer in großen Mengen aus den Flüssen holte, zu konservieren. Salz war teuer, doch irgendwann entdeckte man, dass der Fisch genießbar blieb, wenn man ihn in eine Grube legte und mit gerade so viel Salz bestreute, dass er nicht faulte. Allerdings wurde er sauer und begann zu gären. Trotzdem war der so behandelte Lachs ein wichtiger Bestandteil der Vorratskammer.
Vor rund 400 Jahren entdeckte man dann, dass mit etwas mehr Salz, Zucker und Gewürzen behandelter Lachs sich hervorragend hielt, ohne zu gären. Zudem verschwand bei dieser Prozedur auch noch der Geschmack nach rohem Fisch. Diese neue Art der Zubereitung erbte den Namen des alten Sauerfisches, ohne jedoch dessen Geruch zu übernehmen. Heute ist der *gravad lax*, der vergrabene Lachs, eine gefragte Delikatesse.
Berühmt ist Schweden auch für süß-sauer eingelegten Hering (*sill*), der ebenfalls auf keinem *smörgåsbord* fehlen darf. Unzählige Varianten gibt es von dieser Leckerei: *senapssill* (Senfsauce), *dillsill* (Dillsauce) oder *glasmästarsill* (mit Karotten und Zwiebeln). Egal welchen Heringshappen man kostet, die schwedische Vorliebe fürs Süße ist unverkennbar.

Nicht jedermanns Sache

Ein ganz besonderes kulinarisches Highlight ist der *surströmming* – vergorener Ostseehering. Der gärende Hering wird in Dosen gepackt, die bald von den Gasen kugelrund auftreiben. Schon das Öffnen dieser Zeitbomben verschlägt den meisten den Atem – und erst der faulige Geschmack! Manchmal findet der *surströmming* sogar den Weg ins Restaurant, wird dann aber wegen der Geruchsbelästigung in einem eigenen Raum serviert. Zur kulinarischen Ehrenrettung Schwedens muss man allerdings fairerweise sagen, dass nur eine Minderheit den gärenden Fisch für eine Delikatesse hält.

Links:
Körbeweise werden die Schalentiere im Fischereihafen von Grebbestad an Land gebracht.

Oben:
Das Fischerdorf Kåseberga in Schonen besitzt eine Fischräucherei am Hafen. Oberhalb des Dorfes liegt die Schiffssetzung Ales Stenar.

Kleine Bilder rechts, von oben nach unten: Frisch geräucherter Fisch aus Kåseberga und ein kaltes „Färsköl" aus der heimischen Brauerei passen gut zusammen.

Schalentiere werden in Schweden frisch gefangen und verkauft. Die schwedischen Süßwasserkrebse, die traditionell zu den Krebsfesten (kräftskivor) im Spätsommer gegessen werden, sind jedoch selten und teuer.

Zimtschnecken sind der Schweden liebstes Naschwerk. In dieser beeindruckenden Größe bekommt man sie im Café Husaren im Göteborger Viertel Haga.

Die klimatischen Bedingungen haben sich in den vergangenen Jahren stetig verändert, sodass man mittlerweile auch in Schweden Wein anbauen kann. Der größte Anbieter Schwedens, Horns Vingård, befindet sich auf Öland.

Links:
Die 1901 geweihte Kirche
von Lysekil thront weithin
sichtbar auf einem Hügel.
Schmuckstück der Kirche
ist die Kanzel von 1670, die
für die Christinenkirche in
Göteborg gefertigt und im
18. Jahrhundert von der
Gemeinde erworben wurde.
In der Nähe der Kirche gibt
es einen 1894 errichteten
hölzernen Aussichtsturm,
von dem man einen schö-
nen Blick genießt.

Seite 106/107:
Im Gegensatz zu der Küste
südlich von Göteborg, die
überwiegend von Sand-
stränden geprägt ist, trifft
man in Bohuslän, wie hier
bei Smögen, auf Granit-
klippen.

Oben:
Einige alte Villen in der
Nähe der Strandpromenade
von Lysekil erinnern an
die Anfänge des Bade-
tourismus. In Gamlestan
(Foto), dem ältesten Stadt-
teil, sind bis heute viele
alte Holzhäuser erhalten
geblieben.

Linke Seite:
Tjörn, die sechstgrößte Insel Schwedens, liegt vor der Westküste. Die Tjörnbron führt von der Ostseite der Insel nach Stenungsund auf dem Festland. Von der Brücke hat man die grünen Klippen der Insel im Blick.

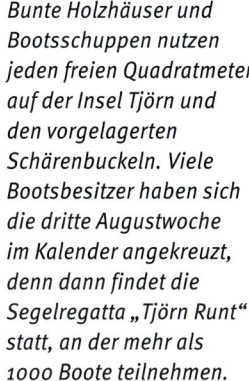

Bunte Holzhäuser und Bootsschuppen nutzen jeden freien Quadratmeter auf der Insel Tjörn und den vorgelagerten Schärenbuckeln. Viele Bootsbesitzer haben sich die dritte Augustwoche im Kalender angekreuzt, denn dann findet die Segelregatta „Tjörn Runt" statt, an der mehr als 1000 Boote teilnehmen.

Der kleine Ort Skärhamn an der Westküste der Insel Tjörn besitzt eine beliebte Marina, die im Sommer viele Boote anzieht. Einzigartig ist das Nordische Aquarellmuseum (Nordiska Akvarellmuseet), das lang gestreckte Gebäude liegt direkt am Wasser. Die ausgestellten Werke reichen von Salvador Dalí bis Anders Zorn.

Seite 112/113:
Göteborg ist nach Stockholm die zweitgrößte Stadt Schwedens. Sie liegt an der Westküste und erstreckt sich zu beiden Seiten des Flusses Göta Älv. Vom Hochhaus, das die Göteborger wegen sei- *ner rot-weiß gestreiften Fassade gerne „Lippenstift" nennen, überblickt man den Fluss, im Vordergrund sieht man die Viermastbark „Viking", zentral den Hafen Lilla Bommen und das Opernhaus.*

Unten:
Die stählerne Viermastbark „Viking" wurde 1907 als Segelschulschiff in Dienst gestellt. Bis heute ist sie die größte je in Skandinavien gebaute Windjammer. Heute wird *sie als Hotel, Restaurant und Konferenzzentrum genutzt. Im Hintergrund sieht man das Bürohochhaus „Lippenstift". Ganz oben gibt es eine Aussichtskanzel, den „Utkiken".*

Rechts oben und rechts Mitte:
Die Promenade am Hafen Lilla Bommen lädt zu einem Spaziergang ein, vom Lippenstift-Hochhaus

gelangt man zur Viermast-
barke „Viking" und hat
von hier einen schönen
Blick auf die Göteborger
Oper (Mitte), die abends
farbig angestrahlt wird.

Rechts unten:
Die Göteborger Fisch-
markthalle im Rosenlunds-
vägen wird von den Einhei-
mischen auch Feskekörka
(Fischkirche) genannt.
Hier kann man Fisch und

Schalentiere fangfrisch
einkaufen oder in zwei
erstklassigen Restaurants
genießen. Für den kleinen
Hunger oder zur Lunchzeit
gibt es günstige Fisch-
gerichte zum Mitnehmen.

Oben:
Das heutige Göteborg wurde ab der ersten Hälfte des 17. Jahrhunderts nach holländischem Vorbild mit vielen Kanälen erbaut. Der Hauptkanal war der Stora Hamnkanalen mit reich verzierten Häusern aus dem 19. Jahrhundert auf beiden Seiten.

Rechts:
Im Abendlicht erstrahlen die Häuser am Stora Hamnkanalen. Davor eine der typischen alten Straßenbahnen in blau-weiß.

Ganz rechts:
Das Göteborger Stadtmuseum in der Norra Hamngatan ist im ehemaligen Gebäude der East India Company untergebracht. Das Museum beleuchtet Geschichte und Kultur der Stadt.

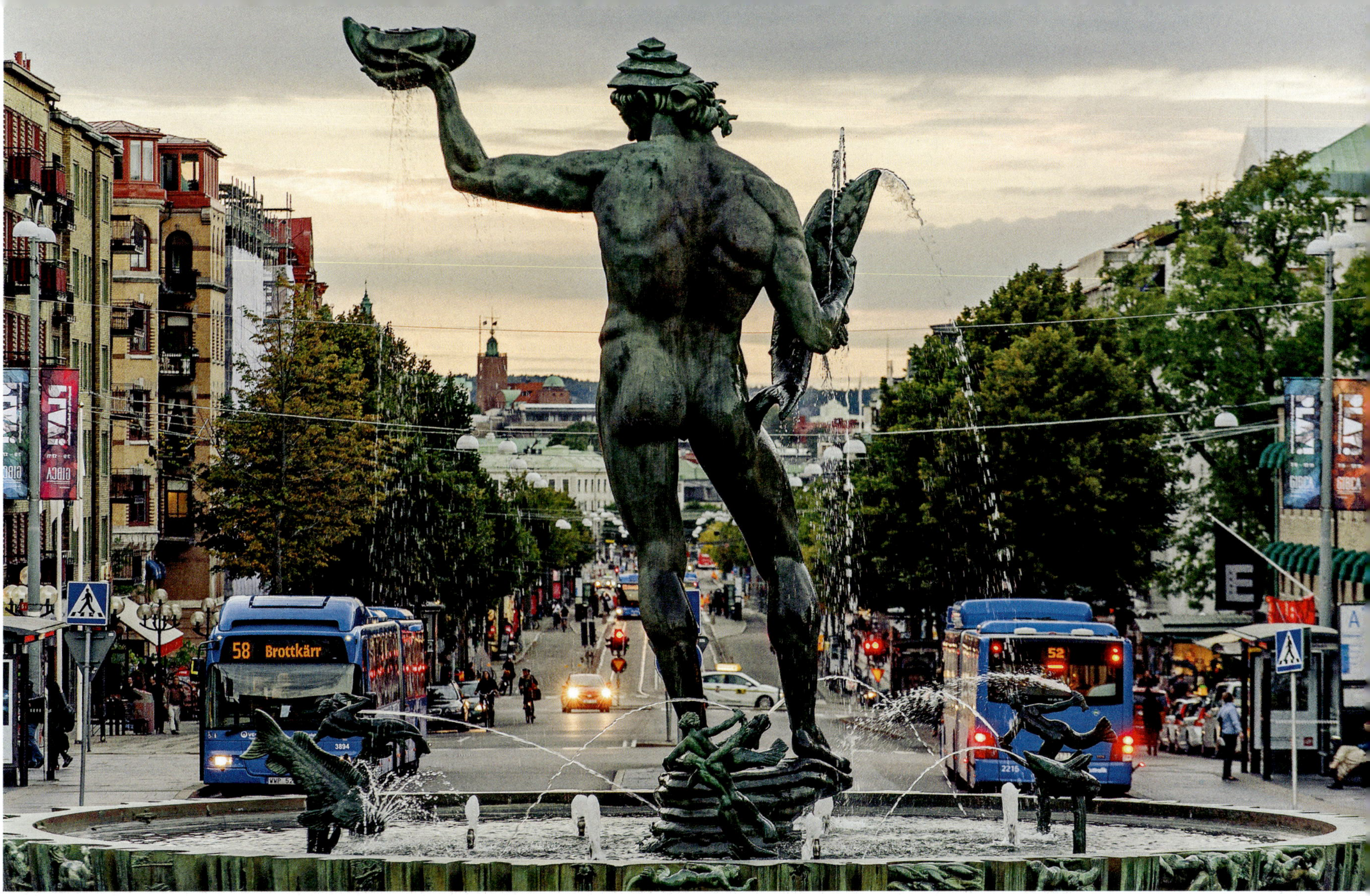

Oben:
Der Poseidonbrunnen von Carl Milles bildet den Mittelpunkt des Götaplatsen. Um den Brunnen gruppieren sich das Kunstmuseum, die Kunsthalle, das Stadttheater und das Konzerthaus zu einem architektonisch vielfältigen Ensemble. Vom Götaplatsen überblickt man die Prachtstraße der Stadt, die Kungsportsavenyn.

Links:
Seit der zweiten Hälfte des 19. Jahrhunderts gibt es das Theatergebäude an dieser Stelle, anfangs hieß es „Nya Teatern“, ab 1880 dann „Stora Teatern“. Hier wurde nicht nur Theater gespielt, auch Opern, Operetten und Musicals wurden aufgeführt. Seit dem Jahrtausendwechsel treten vorwiegend moderne Künstler auf.

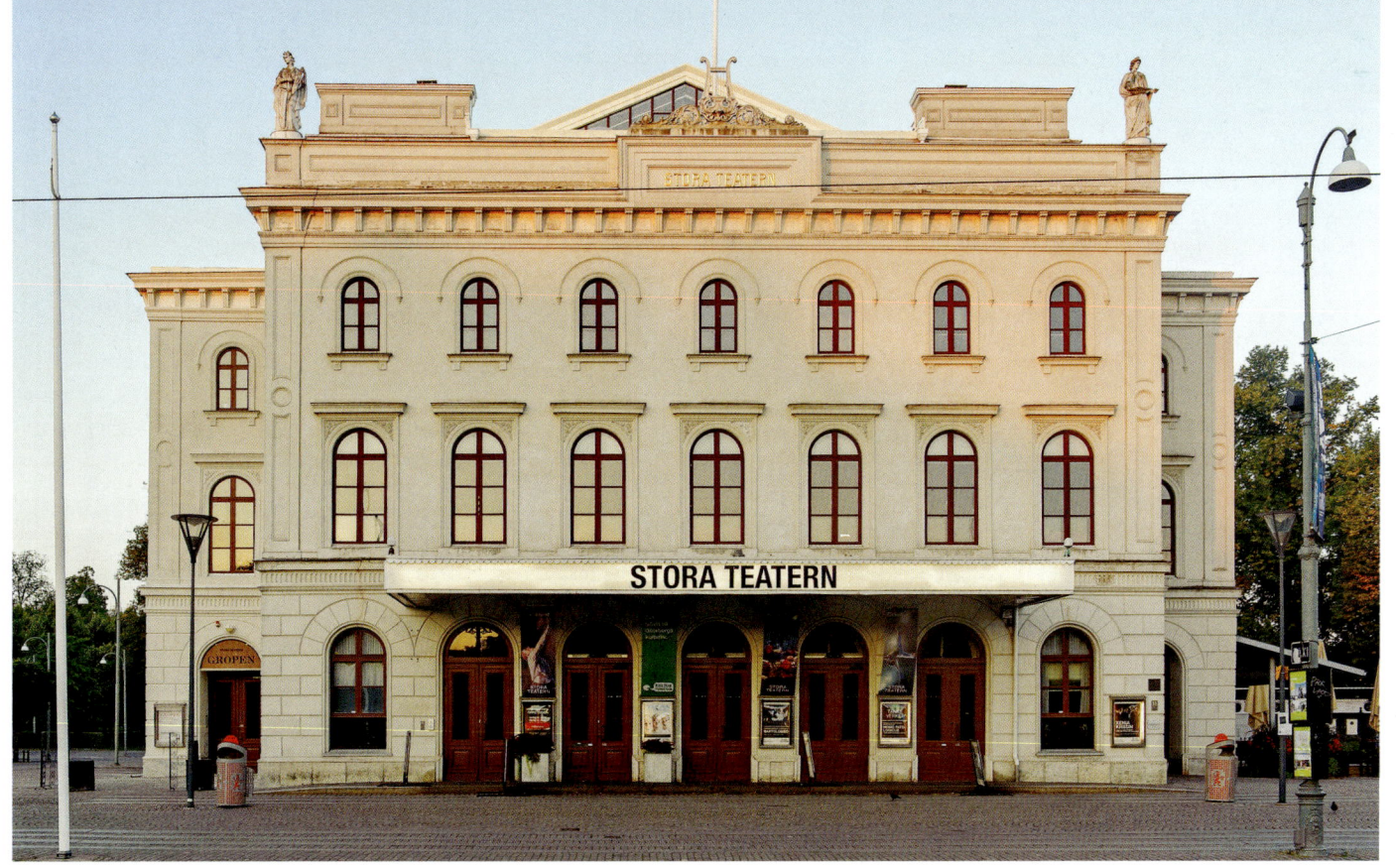

Linke Seite:

Haga, südlich des Zentrums, ist einer der ältesten Stadtteile Göteborgs. Im 18. und 19. Jahrhundert war Haga ein lebhaftes Arbeiterviertel, es gab viele Läden, Werkstätten und Kneipen. Im Zuge der Stadtsanierung wurde ein Teil der alten Holzhäuser restauriert, der Rest abgerissen und durch Neubauten ersetzt. Heute sorgen wieder einige Kneipen, Restaurants und Geschäfte für Flair in den engen, mit Kopfstein gepflasterten Gassen.

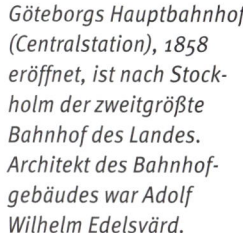

Göteborgs Hauptbahnhof (Centralstation), 1858 eröffnet, ist nach Stockholm der zweitgrößte Bahnhof des Landes. Architekt des Bahnhofgebäudes war Adolf Wilhelm Edelsvärd.

Die Avenyn bildet die Lebensader der Stadt, schnurgerade führt sie vom Kungsportsplatsen zum Götaplatsen. Die Prachtstraße, auch überschwänglich von den Göteborgern „Champs Elysees des Nordens" genannt, wird von Boutiquen, Kneipen, Restaurants, Straßencafés und Diskotheken gesäumt.

Die großen Seen Vänern und Vättern

Sonnenuntergang über dem Vänern. Mit 5519 Quadratkilometern ist er nicht nur der größte See Schwedens, sondern auch der Europäischen Union.

Die beiden größten Seen Schwedens, der Vänern und der Vättern, beherrschen das Landschaftsbild nördlich von Småland. Ihre Ufer sind durch zahlreiche Buchten und Halbinseln stark gegliedert. Über den Göta-Kanal stehen die Seen miteinander in Verbindung. Und noch eine Gemeinsamkeit besitzen sie: Vänern und Vättern waren einst eine Bucht der Ostsee, die erst durch die Landhebung nach der Eiszeit die Verbindung zum Meer verlor. Zwischen den beiden Seen erstreckt sich die historische Provinz Västergötland, östlich vom Vättern liegt Östergötland. Die Provinzen gehören einerseits zu den wichtigsten Agrargebieten Schwedens, besitzen aber auch bedeutende Industriezentren wie Trollhättan, Borås, Skövde, Linköping, Norrköping und Motala. Wer sich für Industriegeschichte interessiert, kann in Borås das Textilmuseum oder in Motala das Museum zum Göta-Kanal besuchen. Von herausragender historischer Bedeutung ist Vadstena am Ostufer des Vättern, denn hier wurde schon im 14. Jahrhundert ein Birgittenkloster gegründet, von dem noch heute Reste erhalten sind. Eine weitere Sehenswürdigkeit von Vadstena bildet die Wasaburg südlich der Altstadt.

Aber auch Naturbegeisterte kommen in der Region auf ihre Kosten. Wanderer zieht es in den kleinen Nationalpark Tiveden oder zu den Tafelbergen Billingen und Kinnekulle. Am Hornborgasjön nistet eine Vielzahl von Vogelarten, ein besonderes Schauspiel bietet die Kranichrast im Frühjahr, wenn sich tausende Vögel auf den Feldern versammeln. Wer um die Erhebungen Halleberg und Hunneberg auf Elchsafari geht, hat gute Chancen, die majestätischen Tiere in freier Wildbahn zu Gesicht zu bekommen.

Nach Osten hin erstreckt sich Östergötland bis zur Küste, die durch zahlreiche Buchten gegliedert wird. Wassersportler finden im vorgelagerten Schärengarten viele Betätigungsmöglichkeiten.

Links:

Die Insel Stora Amundön liegt nur rund eine halbe Stunde von Göteborg entfernt und bildet deshalb eines der beliebtesten Naherholungsziele der Göteborger. An den naturbelassenen Küsten der Insel wechseln sich Sandstrände und glattgeschliffene Felsbuckel ab. Ein Unterwasserlehrpfad informiert Schnorchler über das Leben in der Ostsee.

Unten:

Der Hornborgasjön zwischen Vänern und Vättern ist besonders wegen der Kraniche eine Attraktion ersten Ranges. Zu Tausenden sammeln sich die großen grauen Vögel im Frühjahr auf den Feldern dort und zeigen ihr Paarungsritual. Der See bietet den Vögeln mit seinen großen Flachwasserzonen ein sicheres Nachtquartier. Nach einigen Tagen brechen die Kraniche zu ihren Brutgebieten weiter im Norden auf.

Oben:

In Trollhättan an der Südwestspitze des Vänersees stürzt sich der Göta Älv über dreißig Meter in die Tiefe. Heute werden die Schleusen aber nur noch als Touristenattraktion geöffnet.

Das Barockschloss Läckö liegt auf der Insel Kållandsö direkt am Ufer des Vänern. Seine Wurzeln reichen bis ins 13. Jahrhundert zurück, seine heutige Gestalt bekam es allerdings erst durch Magnus Gabriel De la Gardie, der 1654 mit umfangreichen Um- und Ausbauten begann. Viele der prunkvollen Innenausstattungen entstanden sogar erst in der zweiten Hälfte des 17. Jahrhunderts.

Rechte Seite:
Der Dalsland-Kanal bildet eine 254 Kilometer lange Wasserstraße, die größtenteils über Seen und Flüsse führt. Nur rund zehn Kilometer verlaufen in einem künstlichen Kanal. Wer den Kanal in seiner gesamten Länge befahren möchte, fährt durch 31 Schleusen. In dem kleinen Ort Håverud kreuzen sich Wasserstraße, Eisenbahnbrücke und Autostraße. Das berühmte Aquädukt stammt aus dem Jahr 1868.

Der Kinnekulle ist ein gut 300 Meter hoher Tafelberg am Ostufer des Vänern zwischen Mariestad und Lidköping. Um den Berg verläuft der Kinnekulleleden, ein rund 40 Kilometer langer Wanderweg, von dem man immer wieder schöne Blicke auf den See genießt.

Unten:
Schöner Abendhimmel
mit Felslandschaft bei
Hästholmen am Vättern.
Der zweitgrößte See
Schwedens steht über
den Göta-Kanal mit dem
Vänern in Verbindung.

Rechts oben:
Am Hafen von Vadstena
ließ König Gustav Wasa im
16. Jahrhundert ein Schloss
errichten. Es ist ein wuch-
tiger Bau mit gedrungenen
Ecktürmen, das von einem
Wassergraben umgeben
ist. Auch der Ort Vadstena
hat seinen Reiz.

Rechts Mitte:
Die Klosterruine Alvastra liegt südlich von Vadstena am Ufer des Vättern. 1143 gegründet, war es das erste Zisterzienserkloster in Skandinavien. Mitte des 14. Jahrhunderts hat hier die heilige Birgitta gelebt, die später in Vadstena ihr eigenes Kloster gegründet hat. 1524 wurde Alvastra säkularisiert und später als Steinbruch für das Schloss Vadstena genutzt.

Rechts unten:
So wie hier am Ostufer des Vättern stellt man sich Schweden vor – sattes Grün und rot gestrichene Holzhäuser mit weißen Umrahmungen.

BLAUES BAND – DER GÖTA-KANAL

Der Göta-Kanal verbindet die beiden größten Städte Schwedens, Stockholm und Göteborg, wie ein blaues, 560 Kilometer langes Band. Über zwei Binnenmeere, den Vänern und Vättern, einen Fluss, drei Kanäle, acht Seen und durch 65 Schleusen führt die Reise. Von Göteborg geht es zunächst in nördlicher Richtung auf dem Göta älv nach Trollhättan am Südwestzipfel des Vänern. Der Beginn der Reise ist noch nicht so spektakulär, denn der Göta älv ist ein geradliniger Fluss, an dessen Ufern sich viel Industrie angesiedelt hat. Auch auf dem nächsten Abschnitt, dem Trollhätte-Kanal kommt noch nicht die rechte Gemütlichkeit auf, denn auch hier sind immer noch viele Berufsschiffer unterwegs.

Tage des Wasserfalls

In Trollhättan gab es früher einen tosenden Wasserfall, der für die Schiffer schon immer ein ärgerliches Hindernis darstellte, denn hier mussten sie ihre Boote entladen und die Fracht mühsam um den Wasserfall herumtragen. Heute sieht man an der Stelle des ehemaligen Trollhättefalls nur noch eine trockene Schlucht. Schon um 1800 wurde hier die erste Schleuse in Betrieb genommen und in den darauffolgenden Jahren mehrmals vergrößert. Ein Teil des Wassers wird auch heute noch für die Schleusenanlage abgezweigt, der große Rest dient der Stromgewinnung. Nur im Sommer erwacht der Wasserfall für kurze Zeit an den „Tagen des Wasserfalls" wieder zum Leben.

Nach Trollhättan und Vänersborg geht es auf den Vänern. Bald verschwinden die Ufer und der Horizont verliert sich in der Unendlichkeit. Gut 5500 Quadratkilometer Wasseroberfläche, 22 000 Inseln und Schären, rund 2000 Kilometer Uferlinie und 153 Kubikkilometer Wasserinhalt stehen im Steckbrief des größten schwedischen Sees.

Attraktion Schleusentreppen

So richtig interessant wird es für Freizeitkapitäne erst, wenn sie ihre Boote mit Hilfe von Schleusentreppen gut 90 Meter über den Meeresspiegel anheben müssen. Haben sie dann endlich den höchsten Punkt zwischen Vänern und Vättern erreicht, geht es auf der anderen Seite in den gleichen kleinen Schritten wieder bergab. Eine der längsten und zugleich schönsten Schleusentreppen des Göta-Kanals liegt bei dem kleinen Ort Berg. Hier werden die Schiffe in acht Stufen vom Borensee zum Roxensee geschleust. In Berg klettern den ganzen Tag Schiffe den Berg hinauf oder hinab. Kein Wunder, dass die Rasenflächen um die Schleusen gerne für ein Picknick genutzt werden.

Erbaut wurde der Kanal zwischen 1809 und 1832 von 58 000 Soldaten und Strafgefangenen, die mit Spaten, Hacken und Schubkarren unter unmenschlichen Bedingungen schuften mussten. An Kräne, Bagger und schwere Maschinen war damals noch nicht zu denken, trotzdem mussten acht Millionen Kubikmeter Erde bewegt werden.

Baltzar von Platen, der Baumeister des Kanals, erlebte die Eröffnung des blauen Bandes durch Schweden zwar nicht mehr, aber sein monumentales Bauwerk sollte dem Land 100 Jahre lang wirtschaftlichen Aufschwung bescheren. Der Warentransport wurde einfacher und schneller, außerdem siedelte sich viel Industrie entlang der blauen Lebensader an. Nach dem Zweiten Weltkrieg verlor der Kanal dann durch den Ausbau des Straßen- und Schienennetzes an Bedeutung und wurde schließlich unrentabel.

Unterwegs mit dem Nostalgiedampfer

Überlebt hat der Kanal bis heute als Touristenattraktion. Die drei Veteranenschiffe, „Diana", „Juno" und „Wilhelm Tham" und unzählige Freizeitkapitäne sorgen dafür, dass niemand mehr auf die Idee kommt, den Göta-Kanal stillzulegen. Mit gemütlichen fünf bis zehn Knoten fahren die Veteranenschiffe tagein, tagaus von Göteborg nach Stockholm, wer wenig Zeit hat kann auch Teilstrecken buchen. Den Passagieren an Bord wird eine luxuriöse Schiffsreise mit nostalgischem Flair geboten. Die Landschaft an den Ufern zieht im Zeitlupentempo vorbei, so langsam, dass man jedes Detail genießen kann. Schleusen und Mahlzeiten sind die Fixpunkte im Tagesablauf. Bei den Schleusenpassagen versammeln sich alle Gäste an der Reling und staunen, wie der Kapitän sein Schiff millimetergenau in die Kammern manövriert. Ist das hölzerne Tor dann geschlossen, bleibt um das Schiff keine Handbreit Wasser mehr.

Links:
Die Schleusentreppe bei Borenshult besteht aus fünf gekoppelten Schleusen, die zusammen einen Höhenunterschied von 15 Metern überwinden.

Oben:
Nicht nur die Schleusentreppen machen den Göta-Kanal zur Attraktion, bei Borensberg führt die Wasserstraße sogar über eine Straße.

Kleine Bilder rechts, von oben nach unten:
An Bord eines Veteranenschiffes wie der „Wilhelm Tham" kann man den Göta-Kanal in aller Ruhe genießen. Wer sich aktiv betätigen möchte, kann auch am Kanal entlangradeln wie hier zwischen Borensberg und Berg.

Einige Schleusen entlang des Göta-Kanals wie hier bei Borensberg werden von Schleusenwärtern noch mit einer ausgeklügelten Konstruktion von Hand bedient. Im Hintergrund eines der meistfotografierten Motive am Kanal: das Göta Hotell.

Das Veteranenschiff „Wilhelm Tham" an einer der Schleusen von Berg.

Im Sommer herrscht an der Schleusentreppe bei Borenshult oft viel Verkehr und es bilden sich Warteschlangen. Aber man hat es nicht eilig und kann sich die Zeit mit Angeln vertreiben.

Oben:
Auch wenn man nicht mit dem Boot unterwegs ist, gibt es am Kanal immer etwas zu beobachten. Im Hintergrund das Göta Hotell.

Rechts:
Egal, ob Radfahrer, Veteranenschiffe oder Schafe, der Göta-Kanal entschleunigt.

Seite 132/133:
Blick vom Rathausturm von Norrköping. Über 400 Jahre war die Textilindustrie der wichtigste Wirtschaftszweig der Stadt, doch in den 1960er-Jahren schlossen die meisten Fabriken.

Links:
Gamla Linköping ist ein bewohntes Freilichtmuseum. Handwerksbetriebe, Tante-Emma-Läden und Kunstgewerbeateliers lassen es sehr lebendig wirken. Fast 100 Häuser umfasst das Gelände, die meisten standen einst im Zentrum von Linköping, mussten aber den Neubauten nach dem Zweiten Weltkrieg weichen.

Unten:
Der Fluss Motala Ström fließt von Motala am Vättern bis Norrköping, wo er in die Ostsee mündet. Schon seit dem Mittelalter trieb das Wasser in Norrköping Mühlen an, später war die Wasserkraft ein entscheidender Faktor für Industrieansiedlungen.

REGISTER

	Textseite	Bildseite
Ales Stenar		88
Berg	128	129
Borås	120	
Borgholm		87
Bro		95
Eketorp	88	87, 89
Eksjö		77
Enköping	26	
Eskilstuna	26	
Falkenberg		98
Fårö		96
Fjällbacka		102, 103
Fotevikens Museum	64	65
Freilichtmuseum Bunge		98
Freilichtmuseum Skansen		39, 89
Gettlinge gravfält		86
Gibberyd		20, 77
Glimmingehus		67
Göta-Kanal	120, 128	12, 128–130
Göteborg	13, 19, 98, 128	15, 105, 112–119
Gotland	15, 72	17, 89, 92–95
Gotska Sandön		8/9, 97
Grebbestad		103, 104
Grönåsens Älgpark		79
Habo		75
Halmstad	98	
Håverud		125
Helsingborg		70/71
Jönköping		74
Kalmar	18	82, 83
Karlshamn	52	
Karlskrona	52	55–57
Kåseberga		104, 105
Königliches Schloss	17	28
Kosta	18	79, 81
Kristianstad		66
Laholm	98	
Landskrona		67
Linköping	120	131
Lund		63
Lysekil		108, 109
Mälarsee	13, 26	26, 41, 48/49
Malmö	19	10/11, 58–62
Mariefred		46, 47
Motala	120	
Norrköping	120	131–133
Nyköping		50
Öland	72, 88	72, 84–87, 89, 90, 105
Ölandsbron		84
Olofström	52	
Örebro	26	51
Öresund		19, 59, 68, 69
Össby		72
Rök		89
Ronneby	52	
Sandhamn		43
Schloss Drottningholm	17	40
Schloss Gripsholm	12	41, 48/49
Schloss Läckö		124
Schloss Skokloster		41
Schloss Solliden	72	87
Schloss Tidö		40
Sigtuna		45
Simrishamn		66
Skärhamn		111
Skövde	120	
Smögen		5, 106/107
Södertälje	26	
Sölvesborg	52	
Stockholm	13, 15, 17–19, 26, 128	6/7, 28–39, 89, 136
Tanum		88
Tjörn	98	24/25, 98, 110, 111
Torsbo	88	
Trollhättan	120, 128	123
Tylösand	98	100
Uppsala	26	44, 45
Vadstena	120	127
Vänern	13, 16, 120, 128	120, 124
Varberg	98	100, 101
Vasamuseum		36
Västerås	26	46
Vättern	13, 16, 120, 128	126, 127
Vaxholm		43
Växjö	18	80, 81
Vaxön		22/23
Vimmerby	72	78
Visby		64, 91
Ystad		62

Der Ericsson Globe in Stockholm gilt als größtes sphärisches Gebäude der Welt. In der Halle haben bis zu 16 000 Zuschauer Platz. Seit 2010 gibt es den SkyView, einen gläsernen Fahrstuhl, der auf der Außenhaut des Globe bis ganz nach oben fährt.

Impressum

Buchgestaltung
Matthias Kneusslin
www.hoyerdesign.de

Karte
Fischer Kartografie, Aichach

Alle Rechte vorbehalten

Printed in Italy
Repro: Artilitho snc, Lavis-Trento, Italien
www.artilitho.com
Druck und Verarbeitung:
Grafiche Stella srl, Verona, Italien
www.grafichestella.it
© 2. Auflage 2019 Verlagshaus Würzburg GmbH & Co. KG
© Fotos: Olaf Meinhardt
© Texte: Christian Nowak

ISBN 978-3-8003-4266-2

Unser gesamtes Programm finden Sie unter:
www.verlagshaus.com